劍橋大學教授

亞瑟‧本森

的「大學之窗」

美感與藝術、教育之道、簡樸人生，與心靈導師來場跨世紀交談

亞瑟‧本森——著

張天紅——譯

大學就是這樣的一個地方：
即使你只是一個窮人，只要你具備某種美德，
也可以過上富於尊嚴而簡樸的生活，並從中獲得純粹的樂趣。

在信手拈來的論述中挑戰人們慣常的思維並發出質疑
對事物深邃而獨特的見解，本書以第一人稱視角娓娓道來！

目錄

導言

亞瑟‧克里斯多福‧本森（Arthur Christopher Benson），英國散文家、詩人、作家，劍橋大學莫德林學院的第 28 屆院長。他的父親是 19 世紀末坎特伯雷大主教愛德華‧懷特‧本森（Edward White Benson），其舅舅是著名的哲學家亨利‧西季威克（Henry Sidgwick）。所以，本森家族富有文化和著述的傳統也很自然的遺傳到本森身上。但不幸的是，同樣遺傳在他身上的還有家族性的精神病。他本人患有躁鬱症。雖然身患疾病，但本森仍然是一位傑出的學者和多產作家。他曾就讀於伊頓公學和劍橋大學的國王學院。西元 1885 ～ 1903 年本森在伊頓公學和劍橋大學的莫德林學院講授英國文學。1906 年他出任格雷欣學校校長。1915 ～ 1925 年他成為劍橋大學莫德林學院院長。他的詩歌和散文著述頗豐，令人驚嘆的是，他在自己人生最後的 20 年間，每天堅持寫日記的習慣為世人留下了一筆豐厚的思想遺產 —— 史上最長的 400 萬字的日記。

在該書的翻譯過程中，我常感同身受，並為作者樸素而深刻的論述拍案叫好，同時也有著「酒逢知己千杯少」的酣暢淋漓。這種快樂讓我絲毫感受不到歷時半年翻譯之中的辛苦，取而代之的是導師般的引領與知心好友「跨世紀」般交談後的豁然開朗。因此我也由衷的希望將這份收穫和喜悅與讀者共享，以便有助於對本書的理解和閱讀。

翻譯過程也是心靈接受洗禮的過程，讓我感受最深的是本森的論述竟能引起我如此之多的共鳴。這是我在閱讀其他書籍時很少遇到的，我常常因這種心靈和精神的共鳴而會心的一笑，或是被作者那些對事物深邃而又獨特的視角與見解深深折

服，且常在掩卷時感嘆：「大學之大不在大樓，而在大師也！何時，如若我們的大學也有一批這樣的大師，那將是今日年輕人之幸也！」

本書是本森論大學教育主題文章的結集。在這些文章裡，作者以第一人稱娓娓道來。在第一章中，他坦誠的寫到：「這本書只是匯集了自己對人生一種坦然與樸素的看法。」事實上，也的確如此。作者在書中沒有隱諱，宛若一位諍友，將自己對自我、美、藝術、社交、簡樸的生活、教育等觀點坦率而真誠的進行了表述。

本森可以說是深諳大學妙趣之人。他在第一章「大學之窗」中寫道：「大學就是這樣的一個地方：即使你只是一個窮人，只要你具備某種美德，也可以過上一種富於尊嚴而簡樸的生活，並從中獲得純粹的樂趣。」他還發出了一種呼籲：「在這個喧囂的世界裡，應存在這樣一個角落，在這裡，生活的節奏沒有那麼快速；在這裡，生活就像一個古老的夢境靜靜的流淌，瀰散著富於變化的色彩及輕柔的聲音。」說到共鳴，本森對快樂的祕密的定義則讓人耳目一新，他說：「快樂之感並非源於物質上的滿足，而是在於一顆雀躍的心。自願且認真的工作，這就是快樂的祕密。」而對於人生的醜惡一面，本森的觀點是這樣的：「我無意於掩蓋人生醜陋或是冷漠的一面，這些都是客觀存在的，不以人的意志為轉移。我個人的理解是，若你不是一位專業的心理學家或是統計學者，那麼耿耿於這些陰暗面是毫無裨益的。」而作者令人振奮的一個觀點是：「在文學、藝術或是人生領域裡，我想，唯一值得推敲的結論，就是

自己得出的結論。若是自己的結論與所謂『行家』的相一致，那是他們的厲害之處；若是他們與自己不相符，這則是你厲害的表現。」讀著這些文字，我們是否尚可以遠離塵囂，透過「大學之窗」感受到心靈的「世外桃源」，在與大師的交流中完成對自我、對世界的認知？

　　類似的論述貫穿該書的始末，作者在信手拈來的論述中勇於挑戰人們慣常的思維，發出質疑，如在第十三章「淺談『簡樸生活』」中，作者就將矛頭指向了公認的「簡樸代表」——梭羅，直陳其虛偽。老實說，那一段也是我很喜歡的。

　　另外，在第二章「論『教育之道』」中，有一段話令我頗為感觸，彷彿就是我們教育現狀的生動寫照。作者在談到當時古典教育失敗之處時這樣痛斥：「但我們教育的失敗之處在於，我們對眾多的學生進行培養，可到最後他們為了一場無關緊要的考試就要漫無目的、東拉西扯的學點東西。在這樣的教育模式下，不存在什麼高標準的要求。我們很難去想像一個得到畢業證書之後的人，在離開大學校園之時所感到的龐大的空虛與無助。沒有人想要為他們去做點什麼，或是在某個領域中專心致志的培養他們。但這些畢業生卻將要成為我們這個國家下一代的父母啊！而我們扼殺他們在心裡反抗的唯一途徑就是透過讓這些『受害者』處於一種可悲的心理狀態及智力低等的狀態之中，那樣，這些『受害者』也就壓根不會抱怨他們曾經是遭受過多麼不公平的待遇了！」翻譯這段話的時候，我深受震撼，這簡直就是我自己在讀過大學後的感受！毫不誇張的說，該書的出版將對那些正在努力建構世界一流大學的高等學府及

其管理者們也是大有稗益的。

單元 01
大學之窗

我最近發現在任何一件藝術品中，無論它是書籍、畫作或是音樂，它們的價值皆是緣於其所蘊涵的某種微妙且不可言喻的特性，這種特性我們可以稱之為「個性」。在任何創作中，無論是多麼辛勤的勞動或多麼熾熱的情感，還是所謂的「成就」，都無法彌補這種「個性」的缺失。我認為，這是一種純屬發自本能的特性。毋庸置疑的是，對於任何一件藝術品來說，僅存有這種「個性」是遠遠不夠的。因為在藝術品中，它所呈現的「個性」有可能是毫無魅力可言的，而藝術作品的這種魅力應該是天然存在的。這種魅力並非是哪位藝術家的「專利」，一些藝術家可能夙興夜寐也仍然無法捕捉到它，但是每位藝術家卻能夠去追求一種全然發自內心的那種真誠的觀點。在這一過程中，他必須要冒險去追尋這種富有魅力的觀點，而真誠則是其中不可或缺的。對某種觀點不假思索的吸收，然後不加分辨的傳播，這樣是沒有價值可言的。一種觀點的形成必須要經過構思、創造及自己真切感受其中的過程。那些藝術家用真誠塑造出來的作品幾乎都是具有它特有的價值的，而那些缺乏真誠的作品則會被人視如敝屣。

　　在接下來的篇章裡，我將力求對讀者開誠布公的坦露心跡。看上去這是很容易做到，然而實則不然，因為這意味著自己必須要放下成見與先入為主的偏向去感知事物，不被自身所受到的教育或是環境等因素所羈絆。

　　有人可能會有這樣的疑問：為什麼我要把自己的觀點全都說出來，公開給別人看呢？為什麼我就不能「明哲保身」，將某些「寶貴」的經驗據為己有呢？我的經驗對別人到底有沒有

價值呢？所有這些疑問的答案是：是為了明白別人是怎麼看待生活、對生活做何期待，了解別人對生活生發的感觸抑或每個個體所不能領略的東西。此上種種的答案有助於我們對生活築起一種「合宜感」。就我本人而言，我對別人所抱有的觀點存在一種強烈的興趣，我想知道當他們孤單一人的時候，他們會做些什麼？他們在想些什麼？愛德華·菲茲傑拉德[1]曾說：他希望能有更多關於芸芸眾生的人生傳記。我是多麼冀望自己有一天可以去問一下諸如火車站長、管家、廚房員工等這些淳樸、默默無聞的老百姓的真實想法，了解他們各自人生的軌跡。但這是很難做到的，即使有這樣的機會，他們很可能也不會告知於你。接下來則是一段經過深思熟慮之後的真摯坦白的話語，我將毫無保留的坦露自己的心跡，力求把自己對人生的一些感悟與讀者分享。老實說，這對我而言有點怪怪的感覺。

　　我將以淺白通俗的語言來談論一下自己的人生軌跡和對人生的一些看法。我出生於英國一個普通家庭，在記憶中，父親總是一副忙碌的樣子。在外人眼裡，他可能算是一位身處高位

1　愛德華·菲茲傑拉德（Edward Fitzgerald，西元 1809 ～ 1883 年），英國詩人、翻譯家。他翻譯的《魯拜集》（Rubaiyat of Omar Khayyam）（西元 1859 年，第一版）一直以來都很受歡迎，這部作品不是單純的字面翻譯，而是在釋義。菲茲傑拉德還翻譯過埃斯庫羅斯（Aeschylus）、索福克里斯（Sophocles）和卡爾德隆（Pedro Calderón de la Barca）的作品。他的著作包括《幼發拉底人》（Euphranor）（西元 1851 年）和《波洛尼厄斯》（Polonius）（西元 1852 年），前者採用蘇格拉底式的對話來評論教育體系，後者是一本格言集。西元 1889 年，他的書信被出版。菲茲傑拉德出生在薩福克。在劍橋大學讀書期間，他結識了薩克雷（Thackeray），兩人成為一生的好朋友。後來，他又結識了卡萊爾（Carlyle）和丁尼生（Tennyson）。

的人。父親是一位理想主義者，有著出色的組織及對細節的掌握能力。總之，父親算是一位見過大場面的人，但他卻時刻像一位學生一樣汲汲學習。因為父親經常變換工作地點的緣故，所以大體上我對英國各地都有一定的了解。更為重要的是，我是在一個有著良好學術氛圍的家庭環境裡成長起來的。

我在高中階段上的是公立學校，在大學期間，我還獲得過獎學金。我是一位中規中矩的學生，而且還勉強算得上一個出色的運動員，需要補充的一點是，我對文學有著強烈的興趣。在年輕時，對於歷史與政治學的興趣不大，只是想在屬於自己的交友圈中過一種與世無爭的生活，過一種本色的人生。若是當年我有通往這些目標的「捷徑」，那麼我敢肯定自己將徹底成為一個「半桶水」式的人物。幸好我沒有這些機會，日後在公立學校擔任校長的多年生涯裡，我的人生顯得既忙碌又成功，但我不會流連於此。我必須承認自己對教育科學產生了濃厚的興趣，而對於中等教育在學生的智力發展過程中所產生的負面作用又感到無比的憂心。後來我越發覺得，現行的中等教育是以一種漫無目的、程序冗長及效能低下的方式組織展開的。在保持對原有教育系統忠誠的基礎上，我將盡己所能去糾正教育中的錯誤傾向。可是當我不期然的發現自己更感興趣的是文學時，心頭便不禁為之一寬，這可以讓我暫棄學術上的繁重工作。與此同時，我對自己在實踐中所獲得的一系列經驗深懷感激之意，對同事、父母以及業已成材的男女學生們我也是銘記在心。

一個人若總是把精力放在憂心自己的人生該何去何從上，

這是對心智多麼揮霍的浪費啊！我也曾遇到過人生十字路口，那時我被選為大學團體的成員，這著實出乎我的意料，它是我長久以來夢寐的生活，而實現我人生的理想也看似咫尺之遙。

實際上我加入的是一個規模不大，但目標明確的團體，在這個團體裡我有些固定的職責，坦白說，這恰好可讓我過上相對休閒的生活。在當校長期間，我養成了並且一直保持著文學寫作的習慣，這絕非出自某種責任感，而是來自一種使內心感到愉悅的本能所驅使的。當我回到規模雖不大、但處處洋溢著美感的校園之時，內心充盈著歸家的溫馨。在這裡，人們到處可以看到形式各樣的既古老而又讓人頓生敬意的傳統。建築顯得那麼的質樸，於細微之處彰顯著優雅之妙。而那黑色屋頂的小教堂則是我落腳的一個地方，長廊環繞的廳室，裝飾著盾形徽紋的玻璃。圖書館顯得低矮，其狀如書；漫步在綜合室裡，可以看到陳列在四周琳琅滿目的畫像，顯得既高貴又厚重。讓這樣的場景來充當恬靜、甜蜜生活的背景，這實在適合不過了。屬於我自己的是一個寬敞的房間，透過窗櫺可看到果園、花園交錯的庭院，小鳥在灌木叢裡揮之不去，幾棵樹齡不知幾何的老樹在庭院裡傲然聳立著，在盤根的老樹下面，潺潺的流水在流淌 —— 這是一幅多麼恬淡、靜謐的畫卷啊！

這些充滿美感的景物教會了我「如何從冥定的人生裡偷取多一點時光，讓自己減緩衰老的過程」。我感覺在自己的周圍，允溢著朝氣蓬勃的生命所迸發出的快樂湧流。那些指點江山、激揚文字的莘莘學子們既友好、聰明又尊師重道，在無憂閒淡的時光裡，汲取所需的養分。當他們在這樣的環境裡翻

開世界那一頁頁飽含風雨的頁卷時，心中就避免受到煩憂的侵襲。

　　我所在的學院在大學裡算是規模最小的。昨晚在一個廳室裡，我坐在一位著名人士的旁邊，他是一位友善和藹的人，他告訴我他對大學的一些看法。他希望將大學裡所有的小學院合併起來，這樣就可以形成規模只有六個學院左右的大學。透過他的語氣，無疑可以感受到這樣一點，即最優秀的學生只會去那些享有名氣的兩、三個學院，而那些小的學院則像是奔騰的河流中無意間溢出的一點滯水而已，作用不大。他說和他意見一致的人都被選為學術團體的成員，他們反對改進，宣稱許多金錢都被浪費在煩冗的管理運行之中。而從整體來看，這些小學院的存在是很微小與不足道的，我想在某種程度上這是有道理的，但若試著換個角度來看，我認為大學院也有其自身不可避免的缺陷。在大學院裡，並不存在真正的大學精神。在大學裡，有兩、三個頂尖的學院無疑是件好事，但不同大學裡的學院是由不同學科組成的，如果某位學生從重點高中畢業去大學讀書，他就不可避免的進入其相應的學科去學習，並且生活在這所大學的傳統以及他原來學校的閒言碎語之中，這樣就對別的學校知之甚少。而那些成績相對較差的學生則會組成屬於他們的「低階」團體，這些學生也很難從中得到什麼益處。其實，規模大的學院之所以擁有良好的名聲，那是因為許多優秀的學生都想去那裡學習，而對於一些從開始起步不順的普通學生而言，這樣的區分著實作用不大。

　　至於解決的唯一方法，我的朋友認為就是讓這些小學院開

放他們的團體，試著招募更多富於公共精神與自由思想的大學教師，這些老師應在某個學科有所專長。只有這樣，那些有志於此的學生才願意到這些學院就讀。

今天的天氣比較潮溼，我不是很喜歡這樣的天氣，但我不想悶在房間裡，於是我打算去外面溜達一下，在一些小學院之間悠閒的散散步。我膽敢說一句：在我看來，如果把所有的小學院組合起來，這將會是一件多麼可怕的事情。這個美麗且柔和的地方，擁有屬於它們自身悠長與光榮的歷史與傳統，這是多麼具有吸引力與美感啊！我無意間發現了一個小學院，我對自己之前沒有早點發現它而感到羞愧。這個學院背靠大街的那堵斑駁剝落的灰泥牆，而更為古老的建築則隱藏在這堵牆的背後。我步入了一間黑色屋頂的小教堂，在教堂聖臺的後面高高的矗立著一面柱狀的木製人字牆，教堂的天花板吊得很高，在圓柱狀的壁龕上有精美的雕刻，這裡曾是達官貴人所坐的地方。在畫廊後面，映入眼簾的是一座散發著古樸氣息的圖書館，無形中散發著令人惋惜的氛圍，那是對高貴典籍隨著歲月流逝而消退於人們記憶的一種無聲的控訴與悲痛，它彷彿在低語泣訴：我是明日黃花啦！接著，我來到了一間寬敞的會議室，會議室的四周有很大的凸窗，透過窗子，可以看到恬靜的花園和環繞周圍的參天大樹以及彷彿在微笑的小草。廳室的四周掛著過去許多著名人物 —— 貴族、法官、主教，還有一些校長們臉色紅潤、戴著假髮的肖像。看著這些肖像的時候，我在默想：這些既平凡又高尚的人物當年就在這樣一個普通、莊穆的環境裡生活著。在過去那個充斥著葡萄酒與慵懶之人的年

代裡，想必這裡也曾見證過觥籌交錯、連篇八卦的場景。他們只是混著日子，全然放下了手中的書，在沉迷中驅散無聊與鬱悶。在這種情緒之下，很容易會有以上的這些想法，但不可否認的一點是，就在這個地方，那些早已化為塵土的睿智之士也曾過著勤奮與思考的生活。當年所有耽於一時的喧囂早已不復存在，整個地方本應該是充滿活力與愉悅的，若是大學教師有冗長的會議、太多的教育灌輸，那麼學生本應有的學習生活就會被忽視掉。讓我稍感欣慰的是即使是在當代，仍有不少人甘於平淡，在生活中不斷學習，他們也許沒有什麼雄心壯志，效率也許沒有那麼高，但他們在學習中「不知老之將至」，然後淡然的望著窗外那一片沁人心脾的美麗花園，靜聽著婆娑樹葉的沙沙聲響和厚重的鐘聲，不亦樂乎！現在，很多人都活在一種緊張與忙碌的生活節奏中，全然忘記了世上竟還有這等恬淡與無憂的生活時光，大學就是這樣的一個地方：即使你只是一個窮人，只要你具有某種美德，也是可以過上一種富於尊嚴與簡樸的生活，從中獲得純粹的樂趣。許多人都會犯這樣的一個錯誤：即認為所有的事情都是可以用言傳來解決的，而事實上，身教才是真正具有強大威力的。這些莊穆且美麗的大學校園之所以成立，在某種程度上歸結於是想讓人們能過上這等清靜生活。在這個喧囂的世界裡，應存在這樣一個角落，在這裡，生活的節奏沒有那麼快速；在這裡，生活就像一個古老夢境在靜靜的流淌，彷彿某種富有變化的色彩及輕柔的聲音。相比於那些喜歡沉思與冥想的人以及那些懷著對人類做出有益影響的純真希望持開放態度的人，我不知道那些為別人發財而工作的銀

行職員是否更為高尚。時至今日，美德似乎與現實的生活緊緊捆綁在一起了，若是某人不追求於財富又能擺脫婚姻的枷鎖，去過著簡單的生活，他就能在這裡過上一個高尚與舒適的生活，同時他還可以為社會做出自己的貢獻，在人生晚景與年輕歲月之間做一個妥協，這的確是值得一試。許多孩子在他們的成長過程中都會受到牧師或是老師的教誨，而這些牧師與老師的年齡都是在半百之上，因此，學生們就會認為老師是神經質與目光短淺之人，好像撒冷國王及祭司麥基洗德[2]那樣從不知道生活的起點與終點。學生們覺得老師總是樂於用藍色的筆指出他們的錯誤，然後在懲罰學生之時獲得內心的滿足。但校長們沒有想到的一點是，他們可能正在為如何正確指引學生走上正途而憂心忡忡，而學生們卻認為老師們缺乏熱情，看上去四平八穩，沒有稜角，彷彿他們只是在沉悶空間裡來回穿梭，直到最後下下的爬進墳墓。即使是在一個尋常家庭裡，在孩子與父親之間，要想有平凡的父子情誼也是很少見的，毫無疑問，雖然雙方有血緣上的關係，但卻沒有如夥伴般的友情，其實，從很多方面來講，小孩子的確有很多天性的古怪且令人厭煩的野蠻因子。我想很多父親會有這樣的感覺，若是想維持自己對孩子的權威，他就必須要與自己的孩子保持一定的距離或者有時讓自己變得難以理解，所以，通常孩子只能從母親或是姐姐那裡獲得同情與關懷。若是某位教師想要糾正這一點，他可就要下番工夫了，我的一位好友是我們學院的一位資深教師，他與

2　麥基洗德（Melchizedek），《舊約》中的人物，是撒冷王。被稱為「至高神的祭司」，他帶著餅和酒為亞伯拉罕祝福（參：創世記 14：17-24）。麥基洗德這個名字的意思是「公義的王」。

我的父親是同輩人，他喜歡與年輕人打交道，我經常向他詢問一些不能向同齡人請教的問題並尋求他的建議。我們沒有必要讓自己假裝年少老成，或逞一時之勇與年輕人在大學划船比賽中一決高下，雖然這些都是很有趣的事情，但必須是要符合自然的，而獨缺的一點就是其中的可行性及一種淡然的真性情。在這般影響下，年輕人就可在年輕之時明白一些相當深厚的道理。

而要做到這一點的困難之處，就在於人養成的習慣及言談舉止。某些人會遺傳一些先天性的急躁與冷漠的性情，但正如佩特[3]所說的，人生的一大敗筆就是受制於養成的習慣。當然，人們必須要清楚自己的能力範圍，明白自己的能力怎樣才能最大化發揮，但任何人都不應讓自己變成一個鐵石心腸、形容枯槁、稜角分明之人。大學最低的一個級別就是讓其畢業生的內心躊躇不定，因為他們日後必須要為生計勞累奔波，除此之外，他們的人生沒有什麼追求。就一個有血有肉的心靈、一個富於幽默與理智情感的學生而言，大學的生活應該是一種踐行仁慈與友愛的生活，應該讓小額的投資結出碩大的幸福果實。當我們以一種不偏不倚的眼光去審視之時，就可清楚的看到：在一種休閒與簡樸的莊穆中肯定自我；以自己完整的尊嚴昂然活於世上；與年輕人及慷慨之人交往；與別人展開熱烈與睿智的對話；自由的選擇參與社交或是獨處；讓自己的工作得到別人的尊重；而在休閒之時，則能獲得應有的慰藉 —— 這種生

3　佩特（Walter Pater，西元 1839 ～ 1894 年），英國散文家、文藝評論家、小說家。

活才是在人生中最大限度擷取幸福之果的生活。這難道不比在那所謂的職業成功浪潮中隨波逐流更好嗎？在這股大潮中，人們被迫在工作之時忍受苦悶與疲倦，在千篇一律的家庭瑣碎中打轉。家庭生活是重要的，且為人帶來許多歡樂，但若是必須為此付出全部，我寧願以自己的獨身來換取自我的獨立。

　　大學校園裡有一些老師他們對希臘小品詞頗有研究，經常端杯葡萄酒臨風抒懷，而這種人物形象卻是與許多小說家所描繪的那種生活所需的勇敢、機智及全面是相悖的，這實在是一個極大的誤解。在大學校園裡，我不知道是否還存在這樣的老師，就我個人而言，我對希臘小品詞並不感興趣，對於葡萄酒的愛好也只屬一般，但是我全身心的愛著大學這些古蹟所散發出的優雅之美，彷彿把庭院中那斑駁剝落的堵牆用酒濾過一般，嗅上去芳香醇厚。而幾個世紀以來的人事變遷，那些將人性顯露無遺的傳統則緊緊的纏繞在這片土地的每個角落。我愛這個歷經風霜的庭院裡每一個古老的角落，它們散發著生機勃勃與意氣風發，並釋放出灼灼的精神之光。一春又一春，桂香花開滿枝頭，流溢著黃褐色的光澤，催發著一股質樸的野香向古老的舊牆襲來。對那些喜歡平和與沉思的人而言，這是多麼美好而恬靜的生活，這裡的生活沒有一絲劇烈的跡象，沒有時刻企圖統治別人的欲望，沒有壓制別人的野心，這裡的生活讓世人明白：生活中對美好的獎賞並非只屬於那些智力上乘者，同時屬於那些懷著謙卑之心、向別人伸出援助之手的人，那些既能慷慨陳詞又能屏神靜聽別人的觀點的人。這裡的生活讓世人發現，原來世上還有一個溫柔的、略帶惆悵的、可以令細微

的情感漫溢出來的地方；這裡還有柔軟與舒適的印記，所有這一切都能和諧共處。無論這種理解之光是多麼的暗淡與模糊，人們都能感知到這裡到處洋溢著的智慧與忠誠之愛，還有在默默中的耐心和希望 —— 這些都是人們的精神食糧。宗教並非是那些聰明人或是牧師的事情，而是靈魂深處渺遠的畫景。

我深知自己上述的種種思想或者願望很難令人深入觸及，它常常就像害羞的小鳥那樣撲朔迷離且難以掌握。但我想說，人活於世絕非是虛無縹緲的事情，也不是一味沉迷於不切實際的空想之中，恰恰相反，在人的一生中，我們要不斷的努力，不斷與同事展開交流。我教過書、參與過組織、教導等工作，我時常關注著成人與孩子，我認為我已發現了人生的歡樂、興趣乃至悲傷的泉源。但是我越來越覺得，我們教育所經常宣導的野心或是處心積慮的成功，這往往會錯過通往簡樸人生的道路，而進入荊棘與險峻高山的迷途；我越來越覺得，我們需要專注的是心靈平和與人生的簡樸，我們與別人的關係應該是真誠、直率，而非圓滑世故的。我們的惡語傷人、卑鄙、冷漠及無動於衷，這些都是難以原諒的罪惡。墨守成規是倦煩之母，快樂的感覺並非源於物質上的滿足，而是在於一顆雀躍的心。世界是一個充滿樂趣與美好的地方，自願且認真的工作，這就是快樂的祕密。當我寫下這些句子時，也許很多看上去不過是老生常談或是陳詞濫調，但是它們對我而言，就像是在路旁撿到的珠寶那樣珍貴。

接著，我透過這扇大學之窗伸頭向外看去，在窗外的另一面，我看到了綠草鋪地的花園，這裡隱約散出一股隱士般冥思

的寧靜，這是一個可以來回踱步的地方，也是一個適合在清醒之際享受心靈愉悅冥想的地方。但透過這扇窗我也看到另外一面，那就是世上不斷催生與變化的生活在學習與活動之間飛速的轉換，我看到大街上熙熙攘攘的人群川流不息，彷彿一個發出強大聲響與泡沫的浪潮，這其間充斥著濃重的商業氣息、爽朗的笑聲、悲傷、疾病，甚至還有死亡的奢華葬禮。

　　這些就是我的觀點，我可以坦誠的說，這一觀點並不悲觀，同樣，它也不是令人樂觀得捧腹大笑。我覺得自己並沒有炫耀式的說些滿腹經綸的大道理。就像詹森博士[4]那位君子之交的朋友愛德華斯說過的那樣：「在我的人生裡，我曾努力嘗試去成為一位哲學家，但我總是找不到入門的途徑，因為生活的歡樂總是不時的闖進。」這並非是一位飽含學識的學生所持的「知識無功用」的觀點，我也不是一位幽默的作家，因為我對美的喜歡更勝於對笑聲的喜歡；同時我也不是一位多愁善感的人，因為我憎恨在自我情感的圈子裡來回打轉。要把自己的本色坦露出來，這不是一件易事，我希望自己能做到這一點，我只是希望能與讀者進行坦誠的交流，以一種舒暢明快的方式就人生經驗、抱有的希望、耐心等方面可以私底下竊竊私語的探討。我無意於掩蓋人生醜陋或是冷漠的一面，這些都是客觀存在的，它不會以人的意志為轉移，但我個人認為，你若不是一位專業的心理學家或是統計學者，那麼耿耿於這些陰暗面是

4　詹森博士，即山繆‧詹森（Samuel Johnson，西元 1709 ～ 1784 年）。英國作家、文藝評論家、散文家、詩人。代表作：《詹森字典》、《詩人列傳》、《雷塞拉斯，阿比西尼國王子傳》等。

毫無裨益的。我始終堅信，激勵他人比糾正別人的錯誤更為有效；讚揚比懲罰更為舒坦；幫助別人比一味譴責更為仁慈。如果說哪種態度是我所要去避而遠之或是憎恨的話，這就非憤世嫉俗這種態度莫屬了。我相信浪漫的存在，用通俗的話來說，就是對於一些情懷高尚之人來說，他們在勇於面對人生慘澹之時展現出來的情懷。我覺得人們應從事物中發掘美感，或是從人群裡找尋其有趣的一面，而不是沉湎於發現別人的卑鄙或是失敗，並從中暗暗竊喜。還有一種態度也是我所深惡痛絕的，這就是那種貌似的肯定、積極和偽善的態度。這種態度讓人頑固的認為自己總是站在正確的一面，而對手則幾乎總是錯的。那些探究公理或是公式的人常常認為妥協就是示弱的表現，而原創則是庸俗粗野的表現。就我個人而言，我是厭惡任何一種權威的形式，我是一位堅定的共和主義者，在文學、藝術或是人生領域裡，我想唯一值得推敲的結論，就是自己得出的結論──若是自己的結論與所謂「行家」的相一致，那是他們的厲害之處；若是他們與自己不相符，這則是你厲害的表現。每個人都不可能讚賞或是喜歡任何事物，但是我們卻很有必要以一種公正與不偏不倚的眼光去看待事物本身，做出自己的選擇，然後就堅守它。與此同時，切莫將自己的觀點強加於人，有需要的話，我們可以為自己稍加辯護，但不要妄稱權威。

　　從知識擴展的角度來看，當我以一種說不清、道不明的「死忠」態度去堅持某項我已感到厭倦的工作，或者人云亦云的去讚美別人讚美的東西時，我就會認為自己是在浪費時間。當我發現全世界都對某物喝彩而我卻不為之所動的時候，我便

認為我的時間是物有所值的。而當我學會欣賞自己所做事情的價值，並且學會因事物本身去愛某事的時候，我便認為這段時間是物超所值的。

在文學、藝術領域裡，那些為君王歌功頌德的文體早已成為了過去式。一個人若是能夠放棄自己的一些偏見，那麼他也就開始了「朝聖之旅」。人們必須學會給予別人適度的尊敬。在那些高尚情操之人面前，心悅誠服的鞠躬，不論他們是身穿黃袍的達官貴人還是默默無聞的一介布衣。

真誠與簡樸！若是要我說從那一點上尊敬他們，或者說希望讓自己按照他們什麼樣的氣質去塑造自己人生的話，真誠與簡樸就是我想追求的，我將會學習這種氣質，並且在生活中機敏的捕捉這種氣質，無論它是來自於老年人或是年輕人身上，這種精神才是最重要的。

因為我相信，在人生裡有一座龐大而又安全的城市，我們每個人都有機會成為其中的一員。倘若我們得到上蒼的眷顧，就能為其中一員並快樂的在那裡生活，但是通往那裡需要我們跨過多舛的命途與傷痛，涉獵錯誤與莽撞之苦才能到達。有時，我們只能遠遠看到朦朧模糊的城市輪廓和珍珠般的城門，但終有一天我們會發現通往那座城市的大道，然後從容的走進去。在那裡，我們就可享受快樂與幸福了。但即使我們不是棲息於此，我們依然會快樂無比的，因為我們知道，無論徘徊多遠，我們都有那個爐火熊熊的壁爐和一張張的笑臉。

那些正在找尋的人將會明白我所指的城市是什麼。而那些業已找到方向的人，當他們看到這些字句的時候，望著遠處城

市的燈光閃閃，則會嘴角一翹，莞爾一笑，然後風趣的說：
「哈！原來他也是在這座城市裡啊！」

　　在不同人的心中，這座城市有著許多不同的名字，其地位
也是輕重皆有。但可以肯定一點，那就是進入城市之後，人們
對生活將不會再有什麼疑問，他們可能漫遊到遠方，或只是偶
爾的拜訪一次，但這座城市卻仍是安詳與榮耀的矗立著。在人
一生短暫的歲月裡，這是唯一真實與可觸摸的，直至永恆。

單元 02
論「教育之道」

我之前也說過，自己曾在公立學校任過校長這一職務將近二十年。現在，有時我坐下來靜思回想之時，對我們所做的一切真的感到很悲哀。

　　我們學校的模式都是一種嚴格的古典學校模式，即在學校裡所有的學生幾乎都要「被迫」專長於古典文學，無論他們是否有這方面的天賦。我們把許多科目塞進一個稱之為「課程」的東西裡，但我們的本意並非是要拓展教育的層面，或是給予孩子們一個可以從事他們感興趣工作的真正機會。這只不過是對公共輿論的一種妥協罷了，為了讓他們以為我們真的是在教給學生一些有用的知識。我們整個教育系統就像一臺龐大複雜的機器。學生們要努力學習，老師們也被弄得過度操勞。整個機器在發出嘶嘶聲，各個部件在猛烈的撞擊，牢騷的咕噥之聲不絕於耳，像一隻蜜蜂在嗡嗡嚶嚶。但真正能給予學生的教育則是少之又少。以前，看到一群眼睛炯炯有神、聰明與充滿活力的學生一批批進入學校，如飢似渴的學習著，我是深感欣慰的。他們屏神靜聽著讓他們感到驚奇的事情，時刻準備著發問—— 我常常會發出這樣的感慨：他們真的是一群很有天賦的學生啊，可塑之才啊！而在另一方面，卻看到一群臉帶微笑與保守的學生，他們衣著整齊，舉止得當，讓人覺得很有禮貌，懷著一絲幽默感離開學校。但他們是「不帶走一片雲彩」啊，沒有一點的知識累積，沒有找到自己的興趣愛好。事實上，他們還對此十分厭惡。我並非是誇大其詞。我可以很坦白的說，在這群學生中，有不少也是接受過良好教育的，但這只是相對於極少數對古典文學有天賦的學生而言的。對於這樣一個古典

文學的教育模式，真可謂是尾大不掉，其他繁多的科目擠在一起顯得很是臃腫。在這個教育模式之下，教育的重點被放在了古典文學之上，學生缺乏發展自己的機會，而老師也是沒有足夠的時間去教，這真是一幅讓人深感憂傷的畫面。這樣的結果必然是盛產智力上的憤世嫉俗者。

讓人覺得遺憾的是，這臺機器仍舊在那裡不停的運轉著。一個看似將老師及學生都囊括的「快樂」工業，整體上卻是僵硬得讓人寒心，部分原因是因為科目的繁多，部分則是那迂腐的教學方法。

更為重要的是，為了提供給極少數有這方面天賦的學生一個古典文學的教育，其他的一切都被犧牲掉了。學生們被硬性規定要學習古典文學，但教學卻並不是按照文學的方法，而是以一種學術的方法去執行，好像這些學生長大之後一定要成為文學學士或是這方面的專家乃至教授。他們不是讓學生閱讀一些有趣與文字優美的書籍，而是試圖在一個廣大的範圍內，讓學生們學習一大堆讓人反感的條條框框的語法。學生們美好的時光就浪費在用拉丁文或是希臘文的寫作過程中了，而此時的學生仍沒有掌握什麼詞彙，對這些艱深的語言沒有了解之時，這就好比讓一個六、七歲的小孩試著去用米爾頓（Milton）或是卡萊爾（Carlyle）的方式用英文寫作。

解決的方法是顯而易見的。我們必須全力去簡化這些課程，減輕學生的壓力。教育的課程中的主要科目應該是法語、簡易數學、歷史、地理以及一些通俗的科學知識。我絕不願看到學生們在一開始就要學習那些拉丁文或是希臘文。當第一階

段過去之後，我希望讓那些真的在這方面有特殊天賦的學生專注於某一個學科。這樣，他們才能獲得真正的進步。同時，我們也要為他們補充一些簡單的科目。這樣做產生的結果是，當一個學生完成某一科目的學習，他就能在一定程度上對這一科目有所了解。他可以學習古典文學、數學、歷史、現代語言、科學等學科。所有的學生都應對法語、英語、歷史、簡易數學以及通俗科學有一定的了解。而那些看上去沒有明顯特長的學生則應繼續學習一些簡單學科。若是學校培養出的學生能輕鬆的閱讀法語，以符合語法規則寫一些簡單的法文句子，能對現代歷史及地理有一定的了解，掌握算術，並對某個學科有一定的概念 —— 那麼，我相信這些學生就可說是得到了良好的教育了。

為什麼現在會出現這麼多智力上的憤世嫉俗者呢？這是因為這些人，當他們還是學生的時候，在學校沒有學到東西；等他們逐漸長大之後，發覺自己竟然一無是處。他們曾被要求專心用希臘文、拉丁文或是法文寫作，而結果是他們無法用任何一種語言來寫出流暢的文章。若當時只是要求他們專心學一門語言的話，情況可能就大為不同。與此同時，他們沒有時間去閱讀英語，或是鍛鍊運用英語寫作的能力。他們對自己國家的歷史及現代地理一無所知。若他們覺得自己對所有學科的知識都是貧瘠或是沒有半點吸引的話，那麼，錯不在他們。

在我當校長的時候，我嘗試了各種教學實驗。我讓學生們去做一些容易的大綱摘要，給予學生們一些簡單的書信，讓他們去分析。這樣的任務會讓那些原本對學習提不起半點熱情的

學生從中找到樂趣。有時，我會大聲朗讀一個故事或是一小段的歷史逸事，然後要求學生們用自己的話去複述，抑或在講了一件很簡單的事情之後，讓學生用法語把他們記錄下來，讓他們用法文去寫書信。這樣一個學科就可與另一門學科交叉了，因為他們可用法語來記敘自己在科學、歷史等科目所學到的東西。

　　現在，每一條路 —— 無論是拉丁文、希臘語、法文、數學或是科學等學科，都是以一種風馬牛不相及的教學方式來教導的，割裂了各個學科內在的關聯。最後只能無疾而終。

　　而這一古典系統的捍衛者則稱，這樣的教育方式可以鍛鍊學生的思維，並且讓他們的思維變成一個強大且旺盛的工具，這種說法有根據嗎？不可否認的是，對於那些從一開始就掌握了不少知識且對這個學科有興趣的學生而言，事實的確如此。但是單純的古典文學教育，正如許許多多的例子所產生的結果業已證明，這對知識基礎並不扎實的學生而言實在太難了。同時，我們的老師在教學過程中，也是用一種過於抽象與深奧的方式去闡述一些問題。若是所有教育界的權威都發自內心的認為，無論付出什麼代價，都必須要保住拉丁文及希臘語教育的話，那麼，唯一的出路就是必須以犧牲其他一切學科為代價，並且從根本上改變教授古典文學的方法。我並不認為這樣是值得的，但相比於現在這個讓智力窒息的制度而言，還是稍微有點進步。

　　事實是，現在教育制度所產生的惡果，給了任何對之進行改革一個名正言順的理由。我們教育工作者所能依仗的唯一優

勢就是學生們的興趣，而這種興趣在過去卻被無情的犧牲掉了。當我把這些事實告訴我一些頑固的同事之後，他們竟說我只是想開一下玩笑，不冷不熱的說，若是那樣的話，我們只能培養出比上不足比下有餘的「業餘者」。但是業餘者至少也比現在培養出的一群「野蠻人」要強吧。我所抱怨的是，其實大多數的學生都並非要被我們教育制度要求的那樣，成為某個具體學科的專業人士。

而同樣讓人感到悲哀的事情也出現在有著悠久歷史的大學裡。在大學裡，古典文學也被當作一門必須要通過的科目。而大學在這方面教育所能提供的知識真的是鳳毛麟角，這實在讓人可鄙。這完全不是真實的教育。在這個教育體系中，沒有知識的湧流、求知的欲望或是動力，也沒有學生對這門課程抱有興趣。若是某位崇尚自由的學生試圖擺脫古典文學給人帶來的難以容忍的枷鎖之時，那麼一大群貌似認真、保守的人就會從全國各地群起回應，然後迅速占據主流，語氣堅定的稱：我們的教育正處於危險之中。而事實上，這些普通學生的知識教育卻是被這群沒有想像力及迂腐之人掌控的學究式「人性系統」給犧牲了。

最讓人心碎的一點是，我們對於教育理念方面沒有絲毫的真知灼見。我自己在這方面的想法是很簡單的。我想，首先應將目標定在將學生培養成對社會有用的人。這樣的說法定會被許多教育界的權威公開憤怒的稱為 「功利主義」，但如果教育本身不能對社會有用的，那麼，我們最好馬上關閉所有的教育機構算了。理想主義者會說：不要擔心教育是否有用的問題，

只要獲得對思維最好的鍛鍊，讓其成為學生們的一種工具；那麼，當學生們完成學業之時，他們的心智就自然會開闊與健全，就能做好任何事情了。這聽上去是不錯的見解。但在實踐中卻只是死路一條。現在，關於對公立學校的質疑之聲在全國迅速蔓延，其中一個重要的原因就是，我們培養出的許多學生都是沒有經過足夠的智力上的錘鍊，甚至無法從事一些很簡單的工作。但這些理論家還是會繼續高談闊論的稱古典文學教育堪比一個多姿多彩的「體操」之美，但在他們的掌控之下，這卻成了千千萬萬學子的「行刑架」，讓他們的「四肢」無法變得柔軟與健美，肌肉繃得時刻不能放鬆，動作是那麼的缺乏連貫與脆弱。甚至我們古典的教育系統都是沒有任何原創的表達能力。我們常常持批評態度，心靈變得很浮躁，只是在表面上尊重那些博學之人，寧願去選擇一位一流的作家，還完想學習到最好的東西。在這樣一個教育系統中，讓學生去以閱讀羅馬詩人維吉爾[5]取樂的系統，當然要勝於那些只是對提布盧斯[6]著作重新編輯的教育制度。這些教育制度不是鼓勵學生要有自己獨特的思維，以自己的表達方式去抒發感情，而這些著名的古典文學作品中那高深的風格及古代用詞，都是讓人很難理解的。當然，我們不能否認這些著作在推動人類歷史進步上所產生的作用。但這些作品不該作為思維鍛鍊的入門。

5　維吉爾，即普布留斯‧維吉留斯‧馬羅（Publius Vergilius Maro）根據英文 Virgil 譯為維吉爾。（西元前 70 ～前 19 年）被響為古羅馬最偉大詩人，代表作：《牧歌集》、《農事詩》、《埃涅阿斯紀》等三部傑作，其中的《埃涅阿斯紀》長達十二冊，是代表著羅馬帝國的巨著。

6　提布盧斯（Albius Tibullus，西元前 54 ～前 19 年），拉丁詩人與頌歌作家。

擺在我們教育者面前更為艱鉅的任務是，當我們具備了要把學生培養成有用之才的觀念之後，還要盡可能的喚醒學生的靈魂。我並不是指一種倫理道德意義上的精神，而是一種對美有著良好的感知的精神，對高貴、真實及偉大事物慷慨的讚美。在這方面，我敢肯定，我們是失敗得一塌糊塗。隨手可舉個例子，這些著名的古典學家還在錯誤的認為只有透過文學——更確切的說，是透過希臘與羅馬正統的文學薰陶，才能培養出這種美感。我本人對希臘文學懷著深厚的敬意，我認為這是人類思維所結出的最為燦爛的花朵之一。我想讓那些對文學真正有興趣的學生去研讀這類著作，這無疑是大有裨益的。而對於拉丁文學，我則不是那麼的看重，因為這一領域基本上沒有出現一流的作家。當然，維吉爾算是為數不多的一位。賀拉斯[7]是一位心靈手巧的工匠，但並非文學大師。在拉丁語的散文中，真正適合學生閱讀的篇章真是少之又少。西塞羅[8]是一位博學之人，但也不過是在一些抽象話題上能說會道罷了。塔西佗[9]是一位優秀的散文作家，但作品缺乏真情。凱撒[10]的作品則是讓人覺得無趣與沉悶。對於許多學生而言，文學欣賞能力的

7　賀拉斯（Quintus Horatius Flaccus，西元前 65～前 8 年）古羅馬詩人。

8　西塞羅（Marcus Tullius Cicero，西元前 106～前 43 年）古羅馬著名政治家、演說家、雄辯家、法學家和哲學家。

9　塔西佗（Tacitus，約西元 55～120 年），古代羅馬最偉大的歷史學家，他繼承並發展了李維的史學傳統和成就，在羅馬史學上的地位猶如修昔底德在希臘史學上的地位。

10　凱撒（Gaius Julius Caesar，西元前 100～前 44 年），羅馬共和國末期傑出的軍事統帥、政治家、作家。文學上的代表作：《高盧戰記》等。

培養並不在於學習拉丁文或是希臘文。因為這些古老的語言好似蒙上了一層帷幕，遮掩了它們其中蘊涵的思想。對不少學生來說，點燃他們在智力上覺醒的方式都是源於英國文學。而對於某些學生而言，則是來自英語或是對異域的認識，這可以透過對地理學的途徑去認知；對於一些人，可能則是透過藝術與音樂。在這兩者之中，我們常為後者的一些瑣碎的事爭得不可開交，而對於前者（古典文學的正統地位）則是鮮有觸動。我覺得對於人生的動機以及藝術家們所表現的了解本身，並不勝過一位作家的生平、動機或是其作品，即使他本人對希臘作家不甚了解。

我們身為教師的失敗之處 —— 而那些對這一系統最為熱情的老師往往是無可救藥的失敗 —— 他們不知道可讓自己深感共鳴或是激揚想像力的事，對於眾多的學生而言，可能並非如此。

現在教育帶來的後果可從一些像我這樣與整個教育系統一番角力之後，均以失敗告終的人 —— 來給予公允的評價。之後，我來到了大學任教，並對這些從高中成長起來的學生有所了解。他們中許多人都是很優秀的，充滿了活力。但他們卻往往把工作視為一件讓人反感的事。他們規規矩矩的去做，從中也沒有獲得什麼提升。他們熱衷於遊戲。在休閒時，常常談論這些問題。但是，人們可從談話中知道他們在智力層面上的發展顯得不夠，因而陷入迷惘之中。他們中許多人對某個學科有自己的興趣，但卻羞於談論。他們對於被認為優秀有著一種深深的恐怖感。他們謙恭的聽著別人談論書籍或是某幅畫面，深

感自己的無知，只能維持表面上的恭順。對他們來說，這完全不是一個真實的世界。

對於那些勤奮刻苦工作的人，我是深為敬佩的。我的本意絕非是讓教育變得馬虎或是淺嘗輒止。我想提高普通教育的標準，並且強迫學生們誠實的學習。我始終認為學生們學習的熱情與興趣應被放置在第一位的。但我個人的感覺是，若是你對工作沒有興趣或是存在某種信念的話，那麼你持久的熱情又從何而來呢？現在許多的公立學校及大學的教育是既不功利，也不注重學生們智力的發展。因為它們的目標就是首先發展智力，接著才是注重功利，結果，哪一個目標都沒有達成。

至於能否大刀闊斧的斬斷我們現在所深陷的這個讓人可憐的糾纏，我自己也不清楚。但我對此並不畏懼。我認為現在的時機還是不夠成熟。我並不認為，單憑一些有著先見之明的人提倡的觀點，無論這些觀點多麼鮮明或是多麼的具有說服力，若是沒有底層人們的支持，要想推動這場思潮是很不現實的。單憑個人最多也只是掌握並控制大眾輿論。但我並不認為這些人有發起這種輿論的能力。當然，人們對於現行的教育制度存在著廣泛且又模糊的不滿之情。但對現行的教育制度的評價則無疑是負面的。一種不滿之情在升騰。這種運動在成形之前，必然會有某些積極的徵兆。首先，必須要有對知識的渴望與尊重，這是我們現在亟需的一種思維慣性。現在，大眾輿論只是在表達：這一代的學生沒有得到很好的教育。而這些學生在經過了正規的教育之後，看上去還是不能適應社會生活。或許，我們不該去抱怨這些學生不能適應社會，而是應為他們在這個

教育系統中走出來的時候，仍然是一個有著健康身體的傢伙，喜歡遊戲，至少在表面上具有男子氣概與恭順而感到萬分慶幸。但他們在靜下心來的時候，就會覺得工作是萬分厭惡的，而只是要抓緊從人生中汲取歡樂。這些都是現在普遍存在的。但是那些作為父母的，對於自己孩子在知識的興趣或是熱情上沒抱有殷切的期望，這也是難辭其咎的。老師們的目標應是將這種熱情傳遞給學生的。透過設計完備的教育形式，引起學生們的求知欲，而不應讓學生在一個遙不可及的自我尊嚴中在智力上活活挨餓。我從來沒有說過，那些捍衛古典文學這一教育傳統的學者們在這一方面是沒有崇高的理想的。但他們的理想是一個不切實際的理想，與當今一目了然的事實及經驗處處相悖。

這樣的教育制度產生的後果是，連我們的老師也失去了信。但我們必須要重拾這種信心。我們要寬容，正如所有那些歷史悠久且值得尊敬的事物值得寬容一樣。我們自身成為社會秩序的一部分。我們仍有幸還有財富及尊嚴，但是現在富人們捐獻給大學的建築還有哪些是純粹用於文學途徑的？在我所在的大學裡，那些後來興建的建築不是應用於科學領域就是用於宗教目的的宗教團體。我們的文學教育正在逐漸失去其活力。這種活力的喪失，只有在你深入其中探視一下，就可窺見一斑。在現行的教育制度下，某位學生在文學上的精通還是受到獎學金與各個團體的青睞的。在我所在的大學裡，雖然古典文學的傳統保留下來了。那些想要成為教師的人，都要進行古典文學的考試。但我們嚴重的失敗之處在於，我們對那麼多的學

生進行這樣的培養，可到最後他們為了一場無關緊要的考試就要漫無目的、東拉西扯的學點東西。在這樣的教育模式下，不存在什麼高標準的要求。我們很難去想像一個得到畢業證書之後的人，在離開大學校園之時所感到的龐大的空虛與無助。沒有人想要為他們去做點什麼，或是在某個領域中專心致志的培養他們。但這些畢業生卻將要成為我們這個國家下一代的父母啊！而我們扼殺他們心理反抗的唯一途徑就是透過讓這些「受害者」處於一種可悲的心理狀態及智力低等的狀態之中，那麼，這些「受害者」也就壓根不會抱怨他們曾經遭受過多麼不公平的待遇了！畢竟，大學沒有干涉這些學生在大學玩樂的行為。他們可以隨心所欲的結交朋友，玩遊戲，過上自己喜歡的生活。他們就會這樣覺得，若是可能的話，將來自己的孩子也該這樣的生活。所以，我們這種啼笑皆非的教育鬧劇得以從一代人手中傳遞到下一代手中。讀到丁尼生[11]在六十年前寫的這首詩歌，不禁讓人百感交集。這首詩歌充斥著對劍橋大學血淚的控訴——

> 「因為你口口聲聲說要傳授知識，
> 但你所教之物，卻無法填飽我們的心靈。」

這一點才是我們教育真正的弊端所在：我們沒能填飽學生的心靈。我們的教育過於專業，只是關注於方法與細節，盲從

---

11 丁尼生（Alfred Tennyson，西元 1809 ～ 1892 年），維多利亞時期代表詩人，主要作品：詩集《悼念集》、獨白詩劇《莫德》、長詩《國王敘事詩》等。

我們繼承的教育傳統。我們仍像以往那樣尊敬那些專業人士，而反對與譴責對那種業餘與浪漫欣賞的精神。我們仍然認為，若是某位學生對歷史一連串的事件有一個初步的認識，他就要精於歷史。當然，他也就具備成為教師或是教授的可能性了。但在這裡又暴露了我們教育系統另一個致命傷——我們是從專業的角度來培養學生的。在普通人眼中，對事物有著一番通識並非是一件值得可喜的事情。一位學生若能認清這些重要的歷史人物的推動作用，能夠認識到正是無私的愛國之情所具有的寬廣視野才是世界前進的途徑；能夠看到許多專制的可怖與冤假都是以權威之名去做的；能夠看到在早期的一個國家是如何被一種開明的專制統治，直至認識到力量、誠實與真理；若他能看到政治上的煽動只有在追求正義之時才該存在的。若是學生被教之這些東西，那麼就可說他認識到一些歷史教訓了，而那些只是強記歷史資料與事實本身的學生則是無法體會這一點。

而真正的問題在於，我們不知道真正的目標在何處。我們的公立學校與大學系統現在都致力於一種所謂「質樸的心理自律」的標準，但是卻不能如實的執行。因為我們在那些長期受這種「智力飢餓」系統之下培養了許多代人，遺傳下來脆弱的心理無可避免的對之「妥協」。這一系統的存在真真切切的提醒我在《笨拙雜誌》[12] 上看到的一幅老場景。一群窮人在吃晚

12《笨拙雜誌》（Punch）：英國著名政治漫畫類雜誌。由亨利‧梅修（Henry Mayhew）與埃比尼澤‧蘭德爾（Ebenezer Landells）在西元 1841 年創辦的週刊，以幽默與諷刺著稱。

餐,在一間掛滿肖像的房間裡,還有一位男僕,兩個面容枯槁的人坐著。當拿開銀盤的時候,原來罩著是一碟烤鼠。當然,有時為了一個崇高的理想而犧牲一下個人的幸福乃至健康都是不可避免的。而原本該應用在菜式上的資源卻浪費在維持一個理想場景上。與此類似的是,我們現在總是在「加菜」,全然不提罩在上面只為維持門面的那個銀盤。

一個很能證明大眾對這個教育制度態度的例證就是,在過去五十年中,公立學校的費用上升了許多,而這些增加的經費的餘額全都用於滿足學生的樂趣或是體育競技上了。但有許多公立學校的校長卻抱怨沒有足夠的經費去留住那些優秀的人才作為教授。除非要求這些人對此有足夠的熱情,放棄個人舒適的生活。看到那些精力旺盛與富有才幹的人去選擇「民事服務」或是律師,放棄教育大眾。雖然我對此見怪不怪了,但內心真不是滋味。現行系統的一大失敗之處在於,在教育過程中,老師與學生都沒有興趣去進行交流,或是沒有哪一些細節能讓學生認識到其中的價值所在。而正是這少數人毫無大志,也沒有特殊稟賦的人選擇了教師這一行當。因為他們只須將自己已學的知識複製給學生就可以了,他們只是覺得教師這一職業是混口飯比較容易的途徑而已。

我以為,大學也是難辭其咎的。我並不說那些為高尚之人提供的教育,因為這些人通常都是很優秀的。必須承認的是,最旺盛的熱情正從文學領域中一點點消逝。但是,一個古老而又過時的人文主義傳統卻仍舊橫行一時,而普通學生的學習則是毫無主幹可言,更不用說條理與目標了。在這種教育中,我

們又怎能期待學生的朝氣與才華迸發呢？這只是依附在我們國家教育系統中的一顆毒瘤。能力平平的學生繼續被送到大學裡深造，大學卻仍是一貫其古典教育，豎起層層藩籬。那麼，這種所謂的現代教育則將繼續製造出無能的學生，在譴責這一「現代教育系統」之時，許多著名大學的校長在心中都會預設。我們很少談到的一點，是這些院系裡能力平平的學生表現之差，甚至他們的老師都失去耐心與信心。

有人會認為，以上的這些觀點類似於卡萊爾的。而費茲傑羅（F. Scott Fitzgerald）曾說過，他在切爾西就讀的時候，很怡然自得的度過了幾年時光。他想指責整個世界都缺乏一種英雄氣概，但卻沒能用語言準確的表達出來。這只不過是千千萬萬個學子沒有足夠能力表現的一個而已。若是有人問我怎樣才能對之展開行之有效改革的話，我會建議對入學的教育進行謹慎的修改，這應是最有效與最實際的措施。而對於普通學校而言，唯一可行的辦法就是讓中等級別教育的指導者們制定一個行之有效與簡單的課程。若是他們真心認為古典文學是最好的科目，那麼他們也要認識到這是一個很龐大與複雜的科目，必須要傾注學生所有的精力才行。讓他們堅決的反對功利主義的需求吧，然後把其他所有的科目從課表中一概剔除。這樣，古典文學才能被學生們全面與系統的學習。現在，這些教育指導者對功利主義的需求進行著不情願的妥協，這又糟蹋了他們一直宣導的古典文學教育的成果。他們真誠的相信，透過對功利主義大張旗鼓的在口頭上的認同，就可把那些現代科目納入課表之中。若是能忠實的執行一個嚴格的系統的話，也比不上不

下的妥協來得更好。當然，如果可能的話，最好能教會學生所有的東西，但他們脆弱的大腦的容量是有限的。在某個科目上集中全力的授教，要比在眾多科目中只是蜻蜓點水般的發展要好上許多。

坦誠的說，我寧願這個專注於古典文學的舊系統能一如既往的保持其純粹，以一種近乎無情的準度去執行，這也比現在的大雜燴要好上許多。但我真心希望，現在要求現代科目的教育的洪流能變得無法抵抗。

我認為，整個世界每天都以新的氣象展現在我們周圍，且這種範圍在不斷拓展，直教人感到驚訝。若是不能讓我們的學生的思想與現代精神相接軌的話，這就是一個讓人難以容忍的錯誤。希臘與羅馬的歷史當然可以成為現代教育的一部分，但我們想讓那些接受希臘或羅馬精神洗禮的學生把這種遠古的精神拓展到整個世界，而不是局限於兩種語言的語言學或是句法的古怪之處。有人說，我們若是不透過對這些文學的閱讀，就無法接觸到這種希臘與羅馬的精神，但如果這種說法是正確的，那麼，一個專注於教授古典文學的教育體制又如何解釋這一點呢：我們並沒有讓大多數學習於此的學生能對希臘或是古羅馬的文學或是人民精神有所接觸。我認為那些教授古典文學的老師敢肯定，這些古典學校的「產品」都沒能對其中的一種語言或是精神有任何真正的見解或是洞察。

如果這個系統培養出的學生果真是如此無能的話，那麼負責教授他們的老師又將情何以堪。他們可能會說，這種對古典文學學習會鍛鍊精神與心智，但又有何根據？如果我們看到那

些飽受古典文學浸淫的學生能夠也同樣將精力與熱情投入到現代文學、歷史、哲學及科學上來，那麼我就會成為第一個對這個系統的價值予以認同的人。但我看到的卻是知識上的憤青，智力上的低能兒。他們對體育運動有著全身心的熱愛，對物質享受有著相當濃厚的興趣，而對書籍及思想則是嗤之以鼻。我不是說當前的這種教育系統轉變的趨勢會立即向一個更為簡單、開明的教育系統屈服。但現在體制所帶來的後果實在是過於負面了，根本無法讓人感到滿意。因此，我們有理由展開教育實驗或是改革。看到許多人對現行體制的屈服於默許，真是讓人難受；看到許多學生的精力浪費在完成一件不可能的任務上，又覺得十分的可悲。當然，那些仍然抱著這艘將要下沉的船的人所表現出來的勇氣及忠誠，但他們卻幻想著用茶杯倒出滔天巨浪所帶來的海水來挽救這艘將傾的船隻，真的是可敬可嘆啊。但人們要想到，這是利益攸關的事情。年復一年，在年輕的一代人中，他們本該在各個領域中出類拔萃，但在一系列的表現中卻是讓人為之心寒。這是那些死舊分子頑守著舊傳統不放所導致的。這一系統的不足之處是所有過來人都知道的，或者用淺白的話說吧，我們的學生成為了這兩種系統相互妥協的犧牲品。一個新，一個舊，互相纏鬥在一起，新的體制無法即時消除舊體制的影響，而舊體制則拖著新體制的後腿，讓其無法全力發展。

這個世界上最傑出的政治才能，絕不是一刀切的斬斷與傳統的所有關聯，而是讓傳統以一種順暢的方式納入新的體系之中。我真誠的希望，現在的亡羊補牢為時未晚。但若是這個問

題仍舊被迴避、遮掩，如果我們教育界的權威仍舊拒絕進行改革，那麼泛起的不滿之情將達到連傳統連根拔起的力度，到那時，許多讓人尊敬與美麗的校園將會成為犧牲品。我絕不希望這一幕的發生。我相信一個明智的延續，一種適度的改革，這才是符合英國人的性格。我們英國人有一種避免紛爭的良好本能與技巧，以漸進的方式讓改革的範圍不斷擴大，這就是人們對現在不滿之情希望發展的軌跡。但相比於一個錯誤與壓制的系統繼續存在，我寧願看到一場極具毀滅性的力量出現，摧毀一切殘渣。只有這樣，方可革故鼎新。

單元 03
淺談「書籍」

每次當我走進大學圖書館的時候，內心總是懷著一股寂涼與傷感之情。我在劍橋大學就讀的時候，曾有這樣一個故事，大概是說一位樂於收集書籍的老師，總慣於在公開場合上講述他必須承受的種種。某天，他在某個禮堂上痛斥圖書館那龐大的體積。「我真的不知道該如何處置我擁有的書籍。」他眼裡滿懷慈悲與同情的望著四周。「為什麼不去閱讀它們呢？」一位持反對意見的同事提出尖銳的反問。其實，若是當時在現場的話，我想自己也會提出同樣的疑問。但真正的事實並非如此。我們的圖書館的確有不少藏書，正如 D.G. 羅塞蒂 [13] 曾談到他的童年時期父親擁有豐富的藏書量時說的那樣，「許多書籍是不適合閱讀的」。現在，圖書館的許多書籍面臨著相似的情形。不可否認，大學圖書館的書籍皆是有益於身心的。一排排體積龐大與形狀不一的卷帙。而書的背面如太陽烤焦一般，失去光澤的裝飾，黯淡的鍍金，這些都是怎樣的書呢？這些都是那些舊版本的經典書籍或是充滿爭議性的神學卷宗，還有一些關於天文學的書籍、地形學的專著以及那些一聽名字就讓人感到厭煩的哲學家的著作，一捆捆的小冊子，就像當年這裡曾被柴火光顧過，在多年之後積澱下的灰燼。順手取下一本書，封面看上去還是蠻怡眼的，有一種古物散發出來的特有古香。在瀏覽粗糙凸凹的書頁的時候，會有輕微的「劈啪」聲響。一些製作精良的書還是讓人覺得很舒適的，一種怡然的感覺不禁生發。但它們能帶給人們什麼啟示呢？唉，真的很少啊！人們不得不

---

13 D.G. 羅塞蒂（Dante Gabriel Rossetti，西元 1828 ～ 1882 年），英國詩人、
　　畫家、翻譯家。是前拉斐爾派的創始人之一。

承認這點：若是說這裡可以提供許多有用知識的話，這只是一個善意的謊言。這些書籍蘊涵的知識乳汁是這樣的少，以至於後代學者只能從中吮吸少得可憐的蜂蜜。人們對其中的錯誤進行糾正，然後取而代之。傳遞下的知識種子，有時甚至要對之進行一番篩選。前人的謬誤需要耐心的解釋，這是不斷推進知識進步的必經之道。而現在這種知識已被塞進某個不為人知的角落，遠離人們的視野。

　　現在即使在這裡，一想到在某個角落裡還有一些不為世人所知的且尚未被發掘的知識珍寶存在，我就稍感欣慰。在這樣的圖書館裡，過去幾個世紀的歲月裡，一個個書架上陳列著製作粗糙的書卷。而這些書頁上充斥著既讓人好奇、又讓人無法理解的「密碼」。至於這些所謂的「密碼」，沒什麼人會去注意，也沒有人試圖去揭開在這些「密碼」裡面所蘊涵的祕密。終於有一天，一位好奇心極強的學生在悠閒的翻著這些書卷的時候，他就下定決心，一定要破譯這些祕密。歷經千辛萬苦、千迴百轉的曲折之後，終於達成了自己的目標。結果發現這些書頁是某位著名學者的私人日記，這為我們對過去一個年代的社會狀況的研究投下了一線曙光。在日記裡，我們可以看到人性最為純樸與真誠的一面。

　　但在那個印刷技術還不成熟、紙質粗糙的年代裡，每天都有難以計數的文學著作湧進圖書館。而這一歷史悠久、規模不大的圖書館的實際功用就所剩無幾了，只不過是被當作書籍存放的一個地方或是儲藏室而已。在那個書籍稀少與價格昂貴的時代，只有很少人才有屬於自己的圖書館。演講者所具備

的知識並不為世人所共用，而筆記仍需要耗時的手抄，然後相互傳閱。在當時，掌握知識的一大樂趣就是自認為知道了別人不知道的祕密。某位資深的基督教主教說過，學習古希臘語有三大好處：其一，就是可讓人們原汁原味的品讀救世主所說的語言。其二，可以讓你藐視一下那些看不懂原版書籍的人。其三，可以獲得某種報酬。這一說法散發的芳香是多麼的濃厚啊！第一個好處也許是有失偏頗的，第二個好處則非基督教的本義，第三個好處則是驅使所有專業人士不斷錘鍊自己的一個重要誘因。

　　其實，除了校長或是牧師之外，對於其他人而言，了解古希臘文並不具有同樣明顯的商業價值。在今天這個年代，知識在一個更加普遍的範圍內傳播，人們接受的門檻也變得更低。知識不再是一個祕密，看上去不再那麼具有價值，在人們眼中反而是一個可怕的東西，而掌握知識的人不再那麼受人尊敬或是推崇。相反，一位知識淵博之人被視為是無趣的。那些「老古董」的書籍只不過是一些圖文並茂的暢銷小說的陪襯。誰不認識那個荒唐透頂的老頭，滿頭銀髮，頭上頂著絲絨無邊的草帽，一副道貌岸然的模樣，坐在橡樹底下的凳子上閱讀著一本「古董」書。而到最後，就是這樣的一個人被證實是一個內心裝滿祕密與恐怖邪念的惡棍。時至今天，沒有人再去翻看這些「老古董」了，因為所有值得重印的書籍或是以往許多並不值得翻印的書籍，在重版之時，都會以一種適合讀者閱讀的語言去刊印，若不是以英語的話，至少也要用德語。

　　因此也就不難明白，為什麼大學裡面這些圖書館少人問津

的原因了。這實在是一件很遺憾的事情，但又是沒有辦法的事。我希望圖書館能發揮更大的用處，因為這麼富於價值的古籍，不論在任何年代，都是一筆寶貴與讓人稱道的遺產。這些古籍上的皮革在歷經歲月的積澱之後散發出溫情的芳香，這實在是一件很微妙的事情。若是圖書館再不更新的話，我們今天的圖書館甚至不是一個適合工作的地方，因為每人都有屬於自己的書籍及閱讀桌。這就引出了一個大難題，那就是如何處置那些「老書」呢？因為沒人存心去毀壞它們。

　　對於圖書館來說，也許最好的出路不是購進新書，而是應以一個俱樂部的形式，將這些書在一個流動的圖書館流通，這樣每隔一段時間就會有一些新書能放在書架上。但另一方面，在大學裡，人們好像沒什麼時間去做一些通識閱讀。隨著人生歲月的不斷推進，每個人的職責都變得越來越明確，都越發感嘆自己生命的短暫，這實在也是一個大問題。因此，一個富有教養與心智開明的人又有什麼職責要去通讀呢？我個人偏向認為，當一個人年齡越大，所讀的書就會變得越少。要想時刻跟上大量出版的文學書籍，這是不可能的事。有時，我們會發現，即使是緊跟自己特別感興趣的一、兩門學科都顯得亟缺時間。我想，每個人都有義務去閱讀一些著名人物的傳記。這樣，我們就可了解當代的脈搏，站在不同的角度來認識世界。新出版的小說、以新體裁寫成的詩歌、新出版的遊記，這些都是很難一一去精讀的。在這裡，我必須要坦誠一點，隨著年歲的增長，要開始認真去閱讀某本新出版的小說，讓自己與書中陌生的情景相熟知，或是努力嘗試把一群面孔新鮮的個性嵌入

腦海之中，這是一件何其困難的事情啊！但我仍然偏愛一、兩個作家的小說。而對新體裁詩歌的閱讀則需要付出更大的努力。至於遊記，這些作品幾乎都是以一種新聞紀實的方式來寫成的，其中內容包括作者在路邊餐館就餐時的飯菜名單，還有他們與一些雖含蓄但沒有修養之人對話的紀錄。他們在書中夾雜著許多圖片，但圖片所示的地方幾乎都是千篇一律的，書中還有一些身穿奇形異狀衣服的自鳴得意之人，穿著棉布在參加模仿遊戲。讀者們不禁會覺得這實在是膚淺與缺乏真實的。只須想像一下，一個外國新聞記者到某所大學參觀，在某個食堂吃完午飯，然後就馬不停蹄的趕去幾間著名學府，鑽進有軌電車，穿過大街，在足球場上走馬觀花，緊接著就採訪該鎮的議會議員，然後又採訪副鎮長 —— 這樣的一些報導於我們讀者何益之有？作者看到了這個地方平凡的生活面貌、人們的興趣愛好，或是其建築風格嗎？而那些值得閱讀的遊記的作者，都會故意在某地住下來，與當地居民展開真實的交流，透過沿途表面的風景與建築，探尋其中的祕密，再與讀者分享。

我希望看到有更多品質上乘的文學作品面世，希望能有包羅萬象品味的作品，還希望看到出現一些啟人心智的專業人士，他們的職責就是負責閱讀這些出版的書籍，讓其專注於自己的本分，寫下他們的評論，切忌跋扈的無謂挑剔，而是要獨立於書本之外；做出自己的見解，向讀者介紹該如何進行閱讀，不是代替讀者去閱讀；而是要讓讀者們免讀一些表面看上去不錯但實質內容卻不值一提的書。一般而言，很多文學評論家不是囫圇吞棗式的對一本書做出評論，就是遠遠落後於此。

因此，文學評論最重要的一點是，評論家在經過深思熟慮與謹慎思考之後，及時的向讀者介紹如何去分辨這些書籍。

　　我想，當一個人年紀越來越大的時候，他就可名正言順的讀少點書。他可以偶爾重翻一下以往那些富於悠閒情趣的書籍，書中有許多他所熟知的人物，重新品味一下那歷經久遠年代的言論，玩味一下相似的情景。其實，一個人可能更容易冥想自己的人生經歷，更喜歡獨自出去溜達，品味自己人生的種種，淡然靜觀眼前發生的一切，看透世上的喧囂繁華。當一個人年歲漸增，死亡日趨迫近之時，他之前應該累積下許多可以讓他回味的東西。畢竟，閱讀本身並非一種美德，而只是消遣時光的一種方式而已；而談話則是另一種消遣方式，觀察事物則又是另一種途徑。培根說過，閱讀可讓人飽滿。若是這樣的話，我不禁覺得，許多人在不惑之年的時候就已經要飽滿得溢出了。而在之後的歲月裡，他們只能把多餘的知識倒進原本負荷過重的花瓶之中，看著慢慢溢出的知識，在一旁無能為力的痛哭流涕。

　　當人的大腦日漸僵化與鬆散之時，我們需要明白一點：閱讀的真諦到底是什麼？我斗膽這樣說，這絕不是人們常說的所謂的追求知識。當然，如果某人是位專業教師或是專職作家，他們必須要為其本職去閱讀，正如珊瑚蟲必須要啖吃，才能分泌出為其自身製造避難所的物質。但我要談論的並非屬於專業範疇，而是一種通識閱讀。我認為，閱讀約莫有三種動機—— 其一，就是人們純粹為了自己的興趣去閱讀，正如人需要吃飯、睡覺、運動一樣，其動機很簡單，只是因為自己喜歡

而已。這也許是解釋這種對閱讀痴迷最好的一個原因了。這也是消遣時間的一種不錯方式。它讓人在閱讀中忘記自我，這是很棒的一種體驗。當然，這其中不乏過度閱讀的人，這些人就是我們常稱為「書呆子」或是「啃書者」，正如某人成癮於鴉片一樣無法自拔。有一段時間，我經常去拜訪一位老朋友，他在英國偏僻的鄉村當一位普通的牧師，沒有結婚，生活也算是充裕的。他並不樂於運動或是園藝，對於一般的社交活動也沒多大的興趣。他最大的興趣就是跑到倫敦圖書館那裡借書，也還經常到自己所在的小鎮的圖書館借書，而他自己也買了不少書籍。我常常在思考，這個傢伙每天大概至少花掉十個小時在閱讀上。就我的觀察，他看書的興趣很廣泛，幾乎什麼類型的書都愛看，舊書、新書一網打盡，無所遺漏。他有著超乎常人的記憶力，任何進入他腦海的事物都是過目成誦。所以，他幾乎不需要對同一本書看兩次。若是他住在大學校園裡，他將成為一位很有用的人。若是某人想知道某本書在具體哪個書架上，只須讓他腦筋一動就行了。他可以就許多領域列出一大堆的權威，但在他所在的鄉村教區裡，他卻被人們徹底的拋棄了。他沒什麼演講的才能，也是一位很糟糕的談話對象。他的談話主題總是圍繞著別人最近是否有閱讀過某本現代小說；若是他發現你沒有讀過，馬上就會以一種讓人難以忍受的冗長的方式，滔滔不絕的跟你講一下該書的情節輪廓。其實，別人也根本無從理解他所說的一切。在文學書籍方面，他好像也沒有什麼特別的偏好，而相對的喜好就是閱讀那些新鮮出爐的書。在假日的時候，他心中唯一的想法就是到倫敦，從書商那裡買上幾本

書。必須要坦白一點，上面所述的這個例子是很極端的。有時，我不禁會想，若是他只專注於去數一下自己讀過書籍的字數，這也是善莫大焉。但不管怎樣，他對閱讀極感興趣，並且樂此不疲，也算是一位知足常樂之人吧！

其二的動機就是為了尋求知識而去閱讀的類型，這種動機就無須贅述了。這一種閱讀的動機就是希望讓自己有一個清晰的概念，讓自己了解文學存在的美感，讓自己通曉知識與思想嬗變及其發展趨勢，了解從前的歷史及那些曾經叱吒風雲的偉大人物，從而不讓自己受制於別人一些理論的吹噓。這可讓自己獲得一個寬廣且深遠的視野，改正自己以往的一些偏見。大凡持這種動機去閱讀的人們都會有這種感覺，那就是當他們對某一領域產生興趣之後，就希望自己能夠全然明白一些關乎心靈的奧妙。與此同時，他們也會想去了解其他思想領域，他可能對一個自己不是很熟悉的領域產生興趣，盼望能聆聽別人的觀點；甚至希望自己在對某個領域全然不懂的情況下，問一些稍有深度的問題。這種類型的人，若是他們能夠對一些提出模糊觀點的人放下蔑視 —— 這一常被那些對這些領域有明確且清晰觀點的人所鄙視的行為 —— 這將讓他成為一個很優秀的談話者。別人與他交談就會既催人振奮又富有教益。與他的談話彷彿開啟了通往思想寶庫的花園大門或是穿過一條知識走廊。而那些掌握零碎知識的人則更願意待在舒適的家裡，不願外出。但最為重要的是，這類談話一定要是自然且富有吸引力的，而不應是專業與學究式的。有些很少光顧大學的人常常會認為，那些專心埋頭於學術研究的人都是讓人望而生畏的，認

為他們有精深的專業知識，覺得他們可能隨時會對一些非專業人士的一知半解的觀點給予不留情面的糾正。不可否認的是，在大學裡的確還是存在這種類型的學者，正如在其他的一些領域裡，同樣會有嚴苛的專家。這些專家不齒於普通人那種膚淺與帶有浪漫性質的觀點。但就我個人的經歷來說，在大學裡，這種專家是很罕見的。我想，更為常見的是那些既有非凡學術成就，又有真誠的謙卑之心及寬懷的學者。對此一個很簡單的解釋就是，在大學裡，一位博學的學者能看到學海的無涯與廣博，又能很清楚自己在知識海洋中只不過是滄海一粟而已。

　　我個人憎恨的是那種迂腐的學究式的談話。書籍上蘊涵的知識應能讓人們在說話的時候謙恭有禮，稍微運用一些典故。人們在談話中可以無意間談到某一本書，但不應學究式的去做深入的討論。讓我感到欣慰的是，人們的談話基本上都是文明、有禮的。而這些談話之所以不能普遍的唯一原因是，在大學裡，專業知識的需求是極大的，即使是很廣博與仔細的學者也沒有時間隨心所欲的去進行通識閱讀。

　　接下來，我想談談第三種動機。因為我想不到更好的字眼表達，就暫且將其稱為出於倫理道德的動機而讀書。乍聽上去，好像我是建議大家都去讀一些高雅或是勵志類型的書籍，但這絕非我的本意。我對此有一個強烈的信念，並且認為我說的出於倫理道德的動機，就是閱讀的唯一的最高境界。在思忖著如何用更好的字眼來闡述這種微妙卻又很隱約的想法，著實讓我絞盡腦汁。但我篤信這一點：在我們人生朝聖之旅中，一種美麗的神祕在我的心間不斷聚集且繁衍。我明白許多人為什

麼會覺得這個世界是沉悶無聊的——事實上，我們每個人約莫都會有如此這般的感慨——一些人認為活於斯世是很有趣的，有些認為是很驚奇的，而有些則認為生活全然是其樂無窮的。在我看來，那些認為生活全然是其樂無窮之人，通常都是性格堅強、富於粗獷本色及健康自然天性的人。這些人覺得成功是值得憧憬的，而入口的食物則是易於消化的；他們不會因為別人而讓自己弄得焦頭爛額，而是達觀自信的走自己的路。他們對痛苦或是悲傷之事閉眼不見，想方設法從物質的享受中獲得最大的樂趣。

　　懷著謙卑的心，我可以坦誠的說，這樣的人生是屬於最可悲的失敗人生。只有在諾亞時代[14]的人們才會過著這種生活！在這樣的生活裡，無法結出任何富於智慧、實用或是美好的結晶。在他們撒手人寰的時候，除了他們有生之年吃下了不少食物之外，什麼也沒留下，這就好比鑽在乳酪裡的壁虱，最後只留下一大堆腐爛的分解物。

　　至於人生為什麼是交織著痛苦與悲哀，我也不得而知。但在潛意識裡，我會這樣想，也許人生本應就是這個模樣的。在我看來，所有如顏色豔麗與散發芳香的花朵般的性格或思想，都是飽浸艱辛的淚水後結出的。而讓世人最為感傷的一大神祕所在就是死亡。它讓我們不復存在於這個塵世，讓我們所有的希望與夢想灰飛煙滅，割斷我們與至親的紐帶。當我們越發趨近這個終點的時候，心中就會頓生一股莊穆與敬畏之感。

---

14 諾亞時代（The era of Noah），指在《聖經》中上帝創世紀的初期。

我絕非是說，我們應去自尋悲傷。但換個角度來看，幸福本身就是繫帶著某些灰暗面的，那些把灰暗面都算進去的幸福才是真正值得我們去找尋的幸福。我們應該直面它們，在它們那黯淡的眸子、僵硬的嘴唇裡讀懂其深藏的奧妙，與它們同在，直到在它們身邊旁若無事，內心安詳平靜。

　　這是任何富有思想之人都希冀與盼望的一種情懷。在這種情懷下，閱讀不再成為尋求知識或是感官愉悅的行為，而是越發成為探求智慧、真理與情感之途。現在，我越發覺得，自己的周圍存在許多深不可測的奧祕、大自然的種種現象。科學的發現探索 —— 在電學、化學反應、病因、遺傳影響等方面的探索 —— 不應在人們的視線上拉下一層帷幕，讓問題的本質看上去更為複雜朦朧，古怪隱約。所有這些都應為我們的生活與健康服務。所有難解與不可思議的疑問都是上帝的旨意與大自然的原動力。

　　但細細思忖，仍有很多諸如此類讓人震驚的事情 —— 譬如人與人之間親密的現象、人類的情感、心理或是精神層面上的一些概念，比如對美感、愛慕以及正義等心理情感的研究，看上去這些才是我們應該更為關注的。對人類而言，還有許多無從探求的諸多規律有待研究，這對我們人類自身幸福的關係更為重要。幾個世紀已然流逝，但在這些方面的研究似乎仍沒有起步。

　　在面對人生的悲傷、希望、誘惑抑或是苦難從四面八方襲來的時候，帶著這種情懷，閱讀儼然成為追索人類情感與感情的一條耐心之路。人們想知道諸如純真、睿智以及高尚的天性

對於這個問題有何影響。人們想讓美感－－ 這一所有感官愉悅中最具神性的感覺 —— 沉潛於心靈之中。人們想與別人分享自己的想法與希望、憧憬與願望。在人類精神的引導下，定能掙脫苦痛與死亡的陰翳。

　　因此，我要說，懷著這種情懷去閱讀，你將不再孜孜於尋求具體的某個知識點或是某一明確目標，而是為了讓自己的精神獲得充足的營養與慰藉。於是思考進入了某個領域，在那裡，想像比知識更為重要，模糊的期盼比具體的明確更為重要，希望比滿足更為重要。隨著此路行進的精神必能了解此種幸福的祕密所在。因為，我們所追求的是簡樸與勇氣，真誠與善意。我們對物質的欲望或是自己心中卑微的欲念都會越發反感，心中越發希望獲得平靜與沉思。在這種情感之下，智慧之語如甜蜜的喪鐘在靈魂響漾，詩人的夢想好像在某個神祕杳遠的森林裡安躺，山歌聲則在夜幕降臨之時傳出，飄洋緩渡，傳到耳畔。無人知是什麼樂器在彈奏，誰在輕撥琴弦，誰在輕啟朱唇。但我知道，這其中必定是夾雜著悲傷或是高尚之事，讓其能夠將夢境化為一曲甜蜜的諧音。這種情懷不會在生活、苦累之時、友好交往或是深深愛慕中遁逃的；而是讓我能懷著一種全新與雀躍的熱情重返人生的舞臺，懷揣著辨明美好事物的真正內涵與思想，帶著客觀的心緒，無畏的希望以及明智的人生藍圖。這種情懷讓我們更加寬於待人；在頑固執拗或是成見面前，耐心靜候；讓我們趨向行為正直、語言坦誠、舉止優雅、憐憫弱者、溫暖孤寂之人，對一切高尚、沉著及熱情深懷敬意。

懷著這種情懷去閱讀的人，就會越發趣於去閱讀一些主題深遠、凝結智慧及美感的書籍，在看似老生常談的思想中榨出新的思想與精髓。他們會更加注重書中所涵養的溫馨與高貴的情感，而不是文字的故意雕琢或是字詞的苦心孤詣。他們會越來越注重那些直抵靈魂的書籍，而非那些刺激耳朵與心靈的書籍。他們會明白，書籍正是憑藉其蘊涵的智慧、力量及高尚，才讓它們在人類心靈深處扎下根，而不是靠那些靈巧短句或是讓人眼花繚亂的多彩顏色。這樣一顆充實的心靈也許對某些事情了解不深，也不會用什麼貌似而非的悖論或是詼諧之語來妝飾自己，但這卻是充滿同情、希望、溫柔以及歡樂。

　　不經意間，我的思緒將我帶離大學圖書館很遠了。在這裡，舊書帶著的哀傷仍在書架上散發著，就好像年老的狗在空空的大街上閒蕩，不明白為什麼沒人願意帶牠到處遛遛。這些浸滿了原著者辛勤汗水的巨著，在緩慢流淌的時光中靜靜期盼著。但我敢肯定一點，閱讀這些書籍會為人帶來許多樂趣。老一輩的學者曾清醒的從書架取下這些書，然後心情愉悅的坐下來靜讀。聽著牆上掛著的銀鈴在叮噹作響，親切的報著時間，也許他會不覺的耽誤一下。但這些古書的性情都是極為溫善的，是一位難得的伴侶。日子一天一天的流逝，陽光環照了整個庭院一遍。些許陽光還偷偷鑽進了一間人跡罕至的房間。快樂的生活就這樣拖著輕快的腳步緩緩旋走，心中常懷年少時的激盪。也許，古書為我們所做的最好的一件事，就是讓我們心中裝著惆悵而又溫柔的思緒對過往進行一次深情的回眸——這對那些在被世人遺忘的時光中奮筆疾書寫就這些書籍的著者

們也算是某種慰藉吧！直到他們那困倦與乾瘠的手緩緩放下那
支熟悉的筆，然後任由書稿在靜默無聲的歲月中化為灰燼。

單元 04
論「社交」

我有一位老朋友，他是個出類拔萃、與眾不同的人，有著強烈的個性，知道自己適合什麼樣的生活以及興趣愛好。他不是恩菲爾德（Enfield）所說的那種「跟隨主流」的人，總是做著別人認為適合的事情。在沒有什麼活動之時，他仍能獲得許多歡樂。首先，他是一位享有盛名的博學之人，但從不炫耀自己的成就。他只是很淡然的看著這些，好像一位飢腸轆轆之人，坐下來享受一頓饕餮大餐。在我所認識的人中，他是性情最為悠閒的，而他的作品的產量也是驚人的。在他的桌面上覆蓋著許多書籍及文章。若是他偶然間發現某一本自己感興趣的書，就會坐在一個角落裡靜靜的閱讀。若是沒有，他就會在眾多書籍中苦苦尋覓，總是在不為人知的角落裡默默工作，手中總是拿著厚厚一疊書本。他是平易近人、樂於助人的，就像鋪撒範圍很廣的網，不管害羞的小鳥是否上鉤。在茗茶、菸草與睿智之人的談話的誘惑之下，許多大學生還是成群的選擇去拜訪他。他是一位極富幽默的人，更為難得的一點是，對於別人的幽默，他也總是頗有欣賞之意。他隨心而笑，而非強作歡顏。但他從不回信。他的信紙通常散落得不知蹤影，那筆桿也已生鏽，墨水瓶中的墨水也已凝固了許久。但他卻總是樂於回答別人的問題，以一種超乎常人的耐心及理解來傾聽，然後坦誠的給予對方富於建設性的回答，幫助別人改正錯誤；但與此同時，他也意識到自己的觀點只不過是千萬人中的一個而已。譬如，若是一個人堅持說「諾曼第征服」這一歷史事件是發生在西元前 1066 年，那麼他就會說有些歷史學家認為這是大約發生在兩千多年前的。畢竟，我們都很難在類似的事情上說出

一個很精確的時間。但是人們不會覺得他是在敷衍或是態度驕橫。

為了下文闡述的方便，在下文中，我將稱呼這位朋友為「佩里」。當然，這並非是他的真名。在講完了我的引言之後，下面要談到正文了。

某個晚上，我與一位美麗且很有成就的女士共進晚餐，她名叫艾潔麗亞。與她交談總是一件很愉悅的事情。在我們倆的談話中，無意中談到了佩里。她以很有禮貌的態度說：「佩里這人什麼都好，只是有一個缺點，就是他很討厭女人。」我當時就說，這可能是佩里這人比較靦腆而已。但她卻以很肯定的語氣說，他並非是出於靦腆，而是在這方面很懶惰。

謹慎與小心讓我當時沒有反對她的說法。直到現在，我也在試著想一些支持這位女士的論據。我想到了她曾說過的，每個人都應承擔一定的社會責任，人們沒有選擇或是挑選的權利，不能只與那些與自己趣味相投的人交往，而千方百計的躲避那些「話不投機」的人。艾潔麗亞認為這對那些無趣的人很不公平。問題的關鍵在於，這其中包含著一種責任的成分，需要那些具有美德之人做出某種犧牲。

在這件事上，艾潔麗亞是不需被人詬罵的。在很多原本無趣的聚會上，她為眾人帶來了許多歡樂與笑聲。她忠於自己的原則，儘管我並不同意她在這個方面上所持的觀點。

首先，我並不認為社交是每個人都應承擔的一份責任。持這樣看法的人是大錯特錯的。我認為，一個人在缺乏社交活動的時候，的確是會失去一些東西。為了他自身的快樂與幸福，

他最好還是要努力去結交朋友。因為在長期的孤單之時，很多古怪乖戾的脾性或是病態的心理都是容易滋生的。就是單純站在醫學的角度來看，一個醜陋之人也是很有必要去與世交往，正如一個人偶爾也要洗個冷水浴一樣。即使他的出現並不能為別人帶來任何愉悅，但對於一個醜陋的人而言，一想到自己能從社交所帶來的歡樂中有所斬獲，這本身就是一件讓人無比激動與催人振奮的事情。他會覺得彷彿從一次大冒險中全身而退所獲得的那種快感。但要說佩里不善於社交，這純屬子虛烏有。他的家門時刻敞開著，總是很真誠的歡迎任何來訪之人。其實，很重要的一個盲點是，人們認為自己去參加聚會就一定要為別人帶來歡樂或是施加某種影響的這種固定思維，本身就是一種很危險的自我陶醉思維。畢竟，社交是應該充滿娛樂與歡笑的，每個人都應本著愉悅的動機去參與，而不是要懷著一種正直或是公平的意識。

我自己的想法是，每個人都有選擇自己人際圈的權利。若是某個受人歡迎或是喜歡的人來到某個場合，就好像在自己家門口放塊紙板，讓他時刻記住要履行自己的責任，那就是四處逛一下，直到每個人都玩得很開心才甘休一樣，讓自己戰戰兢兢的像一隻笨熊在茶杯上走著，很是可笑。人們這樣的想法真是讓人毛骨悚然。這張紙板應該是友善類型的，用來招待那些獨居的陌生者，給他們一個前來參與的機會。若他們願意，看一下這樣做的效果，或是將之作為正式邀請的一個前奏。這塊紙板應該作為一張正式邀請的門票，人們有參與或是討厭的自由，而絕不能成為一個強制性的要求。那些對別人的回訪應是

發自真心的讚美或是尊敬，而非一種必須履行的強制性責任。

　　我經常聽到不少正派的女士抱怨茶會的無聊沉悶，聽她們的口氣，好像她們是這種責任感的「殉道者」或是「受害者」。若是這些女士把去探訪傷者、病者作為一種義務，作為基督之愛一種普照的形式，不管她們願意與否，即使這只是出於某種責任感，我都會對她們抱有崇高與深切的敬意。但我並沒有看到那些時常抱怨自己承擔的社會責任的人以及那些不辭勞苦履行職責的人去做這些事情。他們抱怨並非由於這些社交責任阻礙了他們去施行基督善行，而是另有所圖。一般而言，那些出自某種責任感而去參加社交活動，又覺得這是很無聊的人，幾乎都是一些自己對人生沒有什麼追求的庸碌之徒。

　　在大學校園的一方淨土裡，要是還讓這種所謂的「社會責任」繼續占據強勢，或是對其採取正式的態度，那就說不過去了。因為在校園這個地方，沒什麼達官貴人，我自己的工作與許多教工的都是一樣的。每天的生活秩序都是由早餐開始，再到午餐，接著就是下午茶，最後就是晚餐了。那些不愛活動的人經常要做許多腦力工作，他們就會覺得，在下午時分到戶外運動一兩個小時，呼吸點新鮮空氣，這簡直就是生存所必需的。誠然，對於一個專注於自己工作，並將之視為第一要務的人，往往會覺得在一個下午兩、三點這樣美好的時分，沒有什麼比待在屋子來回踱步，不時掏出自己的名片，展開敷衍的對話，只是坐在舒服椅子的小小一角，就一些雞毛蒜皮的小事爭論這樣的行為更讓人沮喪或是顯得不合時宜的了。當然，也會有一些人樂於此道，覺得這是一種獲得休閒與愉快的方式之

一。但他們這種取樂的方式並不一定適合那些認真嚴肅之人的口味。在大學裡,真正有益的社交聚會就要屬非正式的晚會沙龍。如果有人不請自來,不論他是否有穿上晚裝都無所謂,晚上的九點至十點這個時段,在一間寬敞的房間裡展開,這的確是一個可行的辦法,但類似的嘗試卻是少之又少。

更為甚者,對所有在社交中產生的愉悅構成致命一擊的是,這些社交參與者應該像預言裡的那些肢體殘廢或是眼力不好使的傢伙,被毫無根據的驅趕進來。我陪同過一位享有威望的內閣部長去參加一個宴會。他的這種思緒就立即表現出來了。對於自己不得不參加這樣的宴會,他感到很是無奈與沮喪。當我鼓起勇氣問他,是什麼動機驅使的時候,他以一種難以言喻的某種自我犧牲語氣說:「我想,有時候每個人都需要為自身對別人造成的苦難而遭受折磨。」大家可以想像一下,一大群有著如此想法的人聚在一起的情景。看上去,所有人都具有度過一個美好聚會的物質條件,但事實卻是剛好相反。

最近,一個朋友帶我到鄉村參加一個花園聚會。我必須要承認,自己從沒想像過還有比這更讓人感到窒息的地方了,個人快樂在這裡消失得無影無蹤。那天天氣酷熱,男女主人正忙於做所謂的「迎賓」工作。一大群臉色蒼白與汗流浹背的人在緩慢的走著。有些人面帶苦澀,有的則強裝著一副笑臉,但其表情無疑將其徹底出賣。「看到這麼多的朋友賞臉,真是感到高興啊!讓寒舍蓬蓽生輝啊!」現在,類似的違心話語在社會上大行其道。我走進了一間房間,人們在心中勉為其難的接受著一種所謂的「清新感」。接著,我走到了一片空曠的地方。

花園裡真的是擁擠不堪，正如羅塞蒂曾說過的「一群人在如蜜蜂般嗡嗡作響」。人們就是這樣的談論著。太陽烤晒著大地，汗水沾滿了我的額際，直叫我目眩眼花。我在人群中來回穿梭，而對話卻總是那麼俗套與沒有新意，直到我真的感到自己有點撐不住要暈倒了。（儘管我的身體一向都還不錯）。但在這個「熱浪與聲浪」構築的迷宮裡，我的人生好像在時刻旋轉著，正如《為死者祈禱》中的女主角的生活。我膽敢這樣說，在我的想法中，這些情景只會出現在地獄中，或是在熊熊烈火煆燒下的泥灰才會出現的。正如米爾頓所說的「在離開的時候，我覺得腦暈目眩，整個人變得神經質且疲憊不堪」。這都得益於在這個炎熱與窒息的地方長久站立的後果。在這個聚會裡，我沒有聽到一句讓我為之開懷或是抿一下嘴角的話，沒有一句！其實，我是很想悠閒的與在場的許多人士進行對話的。但當時我就只有想到，亨利王子對波因茨（Poyntz）所說過的一句話：「奈德（Ned），求求你了，快離開這個擁擠不堪的房間吧，向我伸出你的雙手，笑一下。」當我離開之後，不禁悲傷的沉思起來：人們這樣違背自己的本性，做如此違心的行為，然後冠冕堂皇的稱之為「快樂」。事實上，許多人把人群的簇擁或是現身看作是一種很有趣的刺激。我想，可能每個人對此有不同的看法的。若是他們看到一大群人在某個場地，而且自己又有很強烈要參與的衝動；而與此同時，有些人則恨不能長出一雙翅膀，飛到九霄雲外。我是屬於後一種人。我絕不承認，自己有必要把抵抗這種將在社交場所取悅別人是責任的想法視為與擺脫邪惡的引誘一樣。實際上，那些樂於社交的人或

是一些精通社交禮儀之人，他們會要求一些人出席某些慶典，或是與相同的方式來表現出他們自己的某種才能。只有這樣才能滿足他們骨子裡流淌的虛榮的血液。至於那些不得不出席這些典禮的人內心是否願意，則不在他們所考慮的範圍之內。這些「受害者」唯一的出路就是要堅決反抗。只要我們是把出席社交場所或是宗教活動看成某一種強制性的責任的話，那些所謂「善於」交際的人就會在你們為其形成的「背景」中得到其畸形的樂趣。我想，每個人都有義務去抵抗這些社會或是宗教上的錯誤，並對一些惱人的理論做出反抗。

我以為，那些成癮的談話者抑或演講者通常需要別人默默的或是懷著敬意去聽他們的「布道」，不允許聽眾的打斷。我的一些朋友曾深受這些人之苦。於是，他們決定在一個小的範圍內進行討論。但我要說，即使是在他們中間，有些人在晚餐聚會的桌上純屬濫竽充數，呆若木雞的坐著，活像一個只會呼吸的生物而已。站在人類慈悲的角度來看，我認為，我們不能心不甘、情不願的犧牲自己去讓別人獲得幸福，這是毫無意義的。為了迎合那些樂於此道之人所發明或是宣揚的社會準則，而去參加不能讓自己感到快樂或是從別人那裡得到真正的愉悅的社交場合，我是堅決反對的。

我仍然清楚的記得，某位大學生在回想起往事時所說的話為我帶來的震撼，這是從一位著名學者的回憶錄引述的。這位學者喜歡邀請年輕人分享他的經驗，但這卻是作為一種試驗的目的來進行的。但這位大學生是這樣描述這位想讓自己自得其樂的學者的。具體的字眼我現在無法一一敘述，大約是這

樣的：「他讓我坐下，於是我就坐下；他讓我吃一個蘋果，我就吃了；他要我自己倒酒，然後喝下去，我也照做了。他告訴我說，他試著讓我說些話，這樣，他就可以判斷我是屬於哪一種人。但我不想讓他知道我是屬於哪類人。於是，我就閉口不語，接著就離開了。」我想，這位學生的反應對這位抱著實驗態度而想獲得樂趣的學者而言，是一種絕佳的報復。社交必須要在各方平等的基礎上才能進行，而將一種責任或是強制性義務與之相連起來則是讓人反感的。其實，這些都是那些貪戀於社交之人為了自己的利益而想出來的，這對於真正意義上的社交聚會則是毫無裨益。

從上面的探討中，許多人可能會有這樣的想法，即我可能是一個不愛交際、性格孤僻的人。但事實並非如此。在適合的時間、地點，我是一位非常健談與合群的人。在每一天的大部分時間裡，我都想獨自一人。就我個人而言，完美的一天應是這樣的：自己一人啃著早餐，獨自過上一個上午，中午時分，邀一、兩位同伴共進午餐，之後再稍做運動。接下來又是一段獨自一人享受的時光，若是有可能的話，我願意與三、兩個知心好友共同度過。但隨著人生的流逝，我越發覺得，與別人在一起是件讓人煩心的事情，而兩人的私語則是讓人開懷的。社交所能帶來的唯一樂趣就是讓我知道別人的思想或是情感，到底什麼讓他們發笑、什麼讓他們高興、什麼讓他們震驚；他們喜歡什麼，憎恨什麼；他們寬容或是譴責的對象。晚餐聚會是讓人精神為之一震的，主要原因是兩個人可以展示自己最好的一面。很少的英國人有在眾人場合能展現自然、真誠以及談論

的藝術。當某人碰巧具備這種天賦，這就好比一個人有一副上帝賜予的嗓音或是滔滔不絕的雄辯之術。另一方面，我可以坦白的說，大部分英國人都善於竊竊私語的。在與別人沒有共同的興趣或愛好之時，我是難於與別人深交的。

但說了這麼多，人們在社交場合能否真正獲得愉悅，這才是整件事的核心所在。我又重回到剛開始的論點——那就是讓每個人去發現或是創造他們所喜歡的社交類型，只有在以這樣為基礎的社交活動裡，才會有真誠的社交活動的出現，這也是讓每個人都盡自己最大努力去投身社交活動的唯一誘因了。若是人們喜歡在飯店、俱樂部、休息室、晚餐聚會、戶外、板球場或是高爾夫球場等場所進行社交的話，在真誠的理念及一些常識的指引下，人們是可以獲得自我愉悅的。而那些手中揮舞著「社交是責任」鋒利之劍的人，喜歡讓別人參加違心的社交，並從中獲取樂趣。在我看來，這是荒唐與不公平的。

在上文所舉的佩里的例子，由於他為不少場合帶去了不少歡樂，而讓人們覺得事情顯得有點複雜，我必須要承認這點。佩里是一位讓人尊敬的傾聽者及富於同情心的演講者。但若是艾潔麗亞能以自己的智慧或是口才感染他，那就讓她靜靜的說服他吧！讓佩里明白，參加社交活動的確是一個責任。艾潔麗亞不能在公開場合就這些觀點的分歧而責罵佩里，若她能以一位女學者的生活都比較單調無趣，而他則應該如當年騎士所具有的優雅風度去照耀他們那昏冥的地平線。這樣，說不定佩里就無法抵擋艾潔麗亞這樣的說辭了。但是，氣概是我們必須懷著謙卑心態大度承認的東西，而絕非小家子氣的宣傳自己具

有的。我並不想讓佩里牽涉其中，他找到了適合自己的位置。在那些熱情高漲的學生心中，他就是一顆北極星。在許多原本會平淡無奇的聚會上，他帶來了無盡的歡樂。我衷心希望，那些繁縟的生活禮儀能讓艾潔麗亞飄到書房，在煙霧繚繞之中，伴著佩里音質沙啞的鋼琴曲奏出的樂音唱起歌來，她仍可隨心與別人進行交流。但既然艾潔麗亞不能說服佩里，而佩里亦是如此。那麼，他們就必須遙寄對各自的尊敬，並做好自己的本分。

正如史蒂文森[15]曾睿智的說過，那些簡樸、真誠及善良的人中，他們的圈子是隨時向別人敞開的。那些不能獲得真正朋友或是同伴的人都是一些急於想要獲得別人關注的人。而最大錯誤在於將人生中本該是難得的歡樂——比如社交或是與人交流看成人生的某種責任，然後將其編纂成不容修改的法典，使其正統化。就我自己而言，我衷心希望自己能有佩里的能力，盼望有更多的年輕人能過來與我展開輕鬆愉快的交談。實際上，我也有幾個知心朋友，但除了一個明確的邀請之外，他們也是很少過來拜訪的。若是他們不想來，我也絕不會勉強。因為，我覺得這樣對他們是毫無樂趣可言的。與所有人一樣，對於自己所說的話，我是小心謹慎的，也是希望能為別人帶來一些歡樂。讓我時常感到傷心的是，只有很少人是願意去拜訪那些有真才實學的人。但不可否認的是，我的才學不被他們所

15 史蒂文森（Robert Louis Balfour Stevenson，西元 1850 ～ 1894 年），蘇格蘭小說家、詩人與旅遊作家，也是英國文學新浪漫主義的代表之一。代表作：《金銀島》、《黑箭》、《化身博士》、《綁架》、《巴倫特雷的少爺》、《入錯棺材死錯人》、《卡特麗娜》等。

看重。我必須讓自己安於此等的自我安慰。我絕不會徒勞的買些名牌雪茄，抑或是在我靠牆的桌子上擺上最好的蘇格蘭威士忌，以求換得一些世俗味太重的人與我進行有益的對話。

　　我有一位很幽默的朋友，在這裡暫且叫他為蒂普頓。他是友校的一位官員。他跟我說過，在星期六晚上，他曾為大學生舉行招待會。蒂普頓是一位模範的「主人」，充滿著活力，深諳待客之道，而大家都想參加他舉辦的聚會。但他卻並不看重這些「成功」。我曾問他在這方面有什麼訣竅的時候，他淡淡的說：「是的，有些人是來了，其中有一、兩個人是因為他們喜歡我；有些人出現則是因為他們認為會有名人出現，希望能解決自己的一些事情；有些人則是因為他們與老師的關係不錯，或是當他們想找機會加入某個團體的時候。但最低等的動機，你知道是什麼嗎？」他接著說：「就是在某個夏日晚上舉行聚會的時候，我從某人口中聽到的。當時，窗戶全都敞開著，我剛準備去迎接客人。我的一位好朋友暗地裡問一位不知名的年輕人：『你覺得蒂普頓舉辦的聚會怎樣？』年輕人則回答說：『嗯，在每個學期裡，每個學生至少要過來湊一次熱鬧，讓我們現在就去吧，完成這個指標吧。』」

單元 05
論「交談」

在使用英語語言的人之中，我希望能有更多關於如何更好進行談話的研究。真正融洽的談話是世界上所能獲得的最大樂趣之一。但真能感受到這種樂趣的人卻只是鳳毛麟角。在我認識的一些人中，他們偶爾還能有良好的「談話」表現。但他們缺少的是一種主動意識以及一個深思熟慮的目的。若是人們能以更加認真的態度去看待「談話」，他們將從中受益匪淺。當然，但願不會出現人們強裝著認真談話的樣子，這只會導致最無聊、枯燥的情感生發。史蒂文森說過：人有一個如綿羊的大腦，類似爆炒之後鱈魚的眼珠。但我想說，一個人若是能更加投入到某種樂趣之中，這種樂趣是會不斷增強的。我希望人們可以把同樣認真的態度提到人與人之間的「談話」上來，恰如他們對待高爾夫及橋牌的那股認真勁上。他們希望提高自己的玩家水準、減少失誤，做得更好。但為什麼那麼多人都不願意稍下一點工夫去改進他們的談話水準，並且認為這樣做就是自負與缺乏男子氣概的表現呢？但他們卻理直氣壯的認為提高自己的射術則全然是男人氣概的生動表現。無可否認，在這一過程中，人們必須要有一種發自內心的熱情與興趣。否則，這都將是徒勞無益的。當我們一想到一位老式談話者或是幽默者，他們對自己殘存的記憶中一些話題進行發揮，可以從一本普通的書論述到一些風馬牛不相及的趣聞逸事或是笑話；然後笑嘻嘻的說，在短期內，他們是不會重複相同的話語，重複那已被濫用的警句，然後將這些記憶塞進一扇刨花玻璃裡；當他們衣冠楚楚的出席晚宴，在沒有任何預兆的情況下，突然迸發、口無遮攔的高談闊論，這是一幅多麼可怖的景象啊！因此，你不

得不承認，事先自己站對位置是很重要的。在談話的時候，自然之感是不可缺少的元素。絞盡腦汁去編造一些故事，這只會將談話間那不經意的魅力抹殺掉。我曾經遇到兩位趣味相投的著名談話者，但他們的交談也只不過是在交換著一些奇聞異事而已，空無他物。有一個關於麥考利及一些所謂健談之人與人談話的故事，若是我沒有記錯的話，他們是在與蘭斯學爵士進行爭辯。在他們吃早餐的時候，就已經爭得不可開交。之後，他們把椅子移到火爐旁，其他人則形成一個圓圈，圍坐在四周，然後畢恭畢敬的聆聽著他們的談話。這樣的情景直到午餐時分，這是多麼讓人驚駭的場景啊！曾有人對卡萊爾 [16] 以下的遭遇表示過深切的同情：當他被邀請參與一個晚餐聚會，碰見了一位健談者。這位健談者的話滔滔不絕，猶如決堤的長江水。他將一大堆笑話、趣聞全都抖出來，直到晚餐時間結束了許久才甘休。這真是讓人感到煎熬的時間。卡萊爾放下手中的刀叉，抬頭茫然四顧，一副猶如耶穌基督被釘在十字架上的經典表情。然後，他那極其無奈的表情好像在懇求著：看在上帝的分上，求你把我帶離這個地方吧！讓我獨自一人在房間裡待一下吧，給我一口菸來抽吧！他在那個場景的所感所想，我是能感同身受的。此時此刻，他是多麼盼望能得到靜謐、沉思與反思的機會與時間。誠然，他在另一個場合曾引用過柯勒律

---

16 卡萊爾（Thomas Carlyle，西元 1795 ～ 1881 年），維多利亞時期蘇格蘭著名的諷刺作家、散文家、歷史學家。代表作：《英雄與英雄崇拜》、《法國革命史》、《衣裳哲學》、《過去與現在》等。

治 [17] 的名言金句：安然靜坐著，然後被人如將你像氣球那樣充滿膨脹。這肯定不會是一個舒適的過程。平心而論，這樣類似的談話者現在基本上絕跡了。雖然，在很多談話中，仍能聽到一大堆的奇聞異事。這些人有時由於別人的中途參與，才很不情願的止住那滔滔言論。而就在他們閉口不語的時候，在內心中又在盤想著下一個可供談論的奇聞。

在我看來，這些健談者十分古怪的地方在於，他們對自己所說的話缺乏一種適可而止的分寸感，這大概是緣於他們喜歡這種說話的方式吧。但我感到驚奇的一點是，他們一點也不會覺得別人對自己有什麼不滿之情。若是站在公平競爭的角度來看，他們本應給別人闡述自己觀點的機會。而他們的所為，就好比一位挑剔的美食家在飽餐一頓佳餚之後，其滿足感要想達到頂峰，就必須要事先沒有人提前分享一些事物。

正如上文所說的，在社交聚會的場合中，亟需的是談話的調度者、一位非正式的仲裁者。但前提是要有一個指引。而最佳的調度者應該是一位上知天文、下知地理、興趣廣泛的人。他應能發起某個話題的討論，然後去感受別人的觀點，或至少以一種巧妙的方式對別人的觀點表現出某種認可。他應該要主動的提出一些問題，或是回答一些問題，鼓勵人們說出自己的觀點。但他不應遠離自己的根本職責，而是要緊緊沿著對話的延伸的脈絡。若他的目標只是想獲得作為一名健談者的名譽，透過這種方式，他可以獲得更崇高的威望。在一場氣氛熱烈的

---

17 柯勒律治（Samuel Taylor Coleridge，西元 1772 ～ 1834 年），英國詩人與評論家，英國浪漫主義文學奠基人。代表作：《文學傳記》等。

探討之後，讓人感到很可悲的一點是，一個人記住的只是自己對這場談話本身所做出的貢獻，而不是別人到底說了些什麼。若你送客的時候，感覺自己客人的談話真好，那麼他們也會懷著這種真誠的情感，將談話的價值傳播到其他的參與者。就這個問題上，我的一位簡樸與心智純粹的朋友曾一語道破這點。他向我說，在我房子裡舉行的一場氣氛熱烈的研討會之後，昨天，我與你們度過了一個很美妙的晚上。當時，我覺得自己談話時，真的很有「狀態」啊！

　　我最討厭兩種談話者，其一就是那些喜用似是而非的所謂悖語的人；其二就是那種以自我主義為中心的人。不可否認，在有些情況下，少許的悖語還是不錯的選擇，這可讓人們心頭為之一震，引發一些深層次的思考。但若是一大串這樣的悖語，那人們就會吃不消了。這些悖語只會在人們心中豎起一道認知的籬笆。聽者們急於想知道那些人到底想要表達的真正意思。一場融洽的談話的一半魅力就在於可讓聽者「一覽無餘」，然後，再慢慢的滲入別人的想法之中。若某位談話者只是按著自己主觀臆想，天馬行空的說些東西，不時說些與主題毫不關係的內容，偶爾還抖出一下內容讓人驚訝的八卦，這只會徒增聽者的厭煩之情。談話的最高境界，猶如林中的空氣無聲無息的滲入，彷彿阿爾卑斯山脈的森林的某條小徑，正是沿著小徑，才將山上的木材運送到山麓之下。人們可以看到漫無邊際的綠色呈現在視野之中，所有的一切都沐浴在金光閃閃的陽光之下。山頂則顯得那麼黝黑。所以，在這種最舒暢的談話中，人們能突然感到說不清、道不明的高尚之情、甜蜜、莊重以及

質樸的存在。

　　另一種讓我深感厭惡的一種談話者是就是那種全然不顧他人感受的自我中心主義者。在談話中，他們毫不考慮聽者的感受，而是將自己心中的話全盤托出。但總是有人以這種方式取樂。正如我上文所說的，融洽的談話的核心在於能引起人的深思或是滲入人的心靈之中，而不是強迫別人對你的注視或是眼直直的看著你。我認識一個朋友，他的談話恰似打開了一扇通往他心靈之處的地板門。你會看到一些骯髒不堪的東西在地下水道裡流動；有時，又能看到一些很清澈的東西；在其他時刻，還可能見到汙垢與碎片的沉積。但是，聽者卻沒有逃離的通道。你只能呆呆的站著，靜靜的目睹著這一切。談話者心靈的氣味在飄揚著，直到他本人願意關閉這扇門。

　　其實，許多內心真誠或是富有耐心的談話者，他們都會犯下這樣一個錯誤：即他們會認為，只要自己對某件事沉迷，這就應該是很有趣的。在很多事情上，的確如此。但有時，需要明白一個道理：過猶不及。那些慣於滔滔不絕的人應該要注意到自己的談話是否過於冗長。他們需要了解一點：當你還在不斷的嘗試就每個問題做沒完沒了的說明時，聽者早已感到無比厭倦與無奈。因為聽者根本沒有一個插話的機會。在談話過程中，雙方出現爭論、問題或是觀點的爭鳴，都統統被這一雷鳴般的暴風驟雨所沖刷得無影無蹤。而在此刻，這些健談者仍沉浸在自我滿足的狀態之中，狂妄的認為自己所說的一切都是無比正確與全面的，而其說話的分寸則是妥當合理的。但是，這些人不明白，自己所堅持自我的觀點，其實也只不過是芸芸眾

生中的一種觀點而已，每個人都有自己對某事的看法。而墮入此等談話「疾病」的痼疾之中，最為可悲的一點是，對於忠實而又勇於直言不諱的指出你的壞習慣的朋友是屈指可數啊！才會勇於直言不諱的指出你的壞習慣。若這一習慣養成之後，想要再破除，這幾乎是難似上青天。我曾參加過一個家庭的內部會議。這無非就是要讓每個人就對方的缺點交換一下意見，有則改之，無則加勉。最後，一家之長代表全家，以一種很委婉的方式告訴那位有這個壞習慣的兄弟。雖然，他是以極為迂迴的方式表達出來，但這位由始至終對自己的這一習性渾然不覺的兄弟陷入了極度的尷尬之中。他強作精神，表面上感謝了這位自己的家人做出的如此艱難的事情。他承諾要改過自新。在接下來愉快的家庭聚會上，他總是自己一人坐著，一言不發。逐漸的，原本那個習性被改正過來。在六個月之後，木訥的他與六個月之前那個滔滔不絕的他一樣讓人覺得很是無趣。但最讓人傷心的一點是，他心中從來就沒有原諒那位「勇敢」告訴他這一事實的人。同時，他也還沉浸在自己已經改掉這一習慣的自喜之中。

　　誠然，不是每個人都能成為一名優秀的談話者，因為這需要幽默的性情、機敏的頭腦、一種能看到貌似不相干事物內在關聯的能力、優雅的談吐、發自自然的魅力、寬於待人的性格。所有這些特質都不是靠努力就可以獲取的。但大部分的能力還是可以憑藉堅忍不拔的努力去成就的。我們可以有意識的養成一個談話的習慣，認清自己該說多少話，不論與自己談話的對象看上去多麼的無知，我們還是要堅持到底。我認識一位

性情覡腆與反應遲鈍的人，他只是從一種單純的責任感出發，就能讓自己成為一位很受歡迎的談話者。我的一位朋友曾很坦白的說，她偶爾會使用一種談話思維，那就是讓自己按照字母表的排列順序來選擇話題。我自己就做不到這一點。因為當我從 A 開始的時候，我就會想到 Algebra（幾何）、Archery（箭術）或是 Astigmatism（散光）。就談話的主題的選擇來說，我覺得他們能很輕鬆運用的方法，在我這裡卻行不通。

對於藝術學生，我唯一的建議就是讓他們不要懼怕自己心中那股升騰出來的自我中心主義，他們可以站在自己個人的觀點，坦誠的就自己所感興趣的方面進行討論。一位不帶情緒、態度冷漠的談話者就好比一隻很愚鈍的狗。沒有比坦誠的表達出自己個人的觀點，更能讓人清楚了解雙方觀點所存在的分歧或是共識。在談話的時候，我們也不該鄙視一些小的話題，例如像天氣、乘坐火車旅行、自己身體的狀況、拜訪牙醫所發生的趣事，或是暈船，這些都是人們所共有的一些經驗及共同的人性。這可是談話時的一個重要的支撐點。

不可否認，對於一些不擅言辭的人來說，他們時常覺得沒話可講，覺得自己就像一頭在冰川上緩慢爬行的笨拙的海象，顯得那麼的笨重、憂傷與遲鈍。其實，這些問題都是大同小異的。有人曾告訴我，當某人介紹給自己認識時的那種極為緊張的情緒，這是很常見的情形。我認識一位哲學家，他是位值得尊敬的健談者。他曾跟我講了一次經歷：在某個晚會的場合上，女主人把一位年輕的女子帶到他的面前，這位女子就像伊

芙琴尼亞[18] 站在一個犧牲臺上。女主人說，這位小姐想與你見面。但對於這位哲學家而言，他嚇得馬上變成一片空白。這位熱情的少女睜著圓圓且富於熱情的眼睛一直看著他。在一段讓人倍感煎熬的沉默之後，他終於想到了在此場景適合的對話。但若他們早點見面的話，他並不認為這是沒用的。在一陣間斷之後，他忽然想到，若是之前的那段沉默的時間沒有那麼長的話，自己之前想的對白也許是適合的。於是，他又把這個想法也給否決掉了。內心時刻在經歷著你死我活的掙扎，他所想的每一種對白都被他覺得是毫無希望與沒有價值的。女主人看到此景不妙，就像阿提米絲[19]，把伊芙琴尼亞帶走了，不給這位哲學家再一次自我沉思的機會。他說，這次經歷給他的教訓是終身難忘的。自此之後，他決定想出一段適合於任何年齡階段的男女，在任何情況下都可適用的對白。但他死活不肯透露。他的這一重要研究的「祕密成果」，最終也只能隨他一道灰飛煙滅。

　　我還有一位朋友在談話方面有著獨特的天賦。他是一位見慣世面的人，知道政壇的不少祕密與逸事。作為一位思維極為敏捷的談話者，無論是在私下還是在公開場合，他都能展現自己極為出眾的談話藝術。他所談到的事情都是十分有趣的。他好似口無遮攔的說著事情。他在談論某事的時候，都要求聽者不要將祕密外洩。所以，那些受他邀請的人都倍感榮幸，這部

---

18 伊芙琴尼亞（Iphigeneia），希臘神話中邁錫尼國王阿加曼農（Agamemnon）的女兒。

19 阿提米絲（Artemis），希臘神話中月神與狩獵女神。

分是因為他那讓人愉悅的性情所致。談話的可信度、出言的謹慎或是自身的地位，這都是自信的一個標誌。在某個場合聽到他的談話之後，我絕非想背叛他，自己只是想以日記的形式，將他的這些富於情趣的話語做一個精確的紀錄，以永久的保存下來。讓我深感驚奇與失望的是，我發現自己根本無法有條理的整理他說過的話，更不用說用文字將之記錄下來了。他的這些話已經融入心靈之中，就像某些精妙的糕點，只是在智識與樂趣上留下一縷芳香而已。

我必須要說明一點：模仿這人的談話方式是一件很危險的事情。因為，在既要滿足聽者所抱有的期望，又無法讓他們口口相傳，這在該說什麼、隱藏什麼是一個很大的挑戰。這是一門很精妙的藝術。許多人都會嘗試這樣做，而最終不可避免墮落為一名可悲的多舌之人，在別人眼中，你就是一個滿口瑣碎、毫無價值的東西，根本無法守住祕密。最終只會給那些好事的記者一個大肆渲染的機會。但若能馬上激起聽者的好奇心，且給他們一直貌似探知到最祕密的事情的感覺，這就是談話藝術的一大勝利。

詹森博士說過，他喜歡伸展自己的大腿，讓自己的話語傳揚出去。但事實卻是，最融洽的談話應該是預先沒有處心積慮的對話，即使內心對談話偶有期待，但也不須抱有過高期望值。在我看來，最能讓自己感興趣的談話方式就是在一段相對長的時間裡展開私下的對話。這通常可在散步之時，當運動將身體的血液輸送上大腦；或是在鄉村小路欣賞美麗的景色，讓自己的精神達到一種高度的和諧狀態之中，當心靈由於一些祥

和、正直與富有思想的同伴的陪伴而產生的一種愉悅的健談情緒；還可以在參觀一下那早已積滿塵埃的倉庫，溜達一下那些琳琅滿目的商店。在這些時刻之下，思想才能直抵靈魂的最深處。此時，就某個話題發表自己的言論，在一種看似漫無目的的進行著愉悅的談話，讓自己不為外物所役，隨心飛揚。時不時抱著一種回味的姿態返回某個主題。這樣的談話，在心靈中不會產生一絲讓人感覺到心頭隱隱約約有陰翳的煩憂，而像吹拂在鄉間小路上的陣陣颯風，沁人心脾。此刻，心靈泛起的感傷情緒讓我回憶起那些逝去的時光，將正如但丁所說的那種將「孑然的傷感」視如糞士，不懷一絲的感激。像此情此景為心靈帶來的震撼的時刻是多麼的罕有啊！即使現在，當我將自己所經歷的這一情景寫下來的時候，腦海中就浮現了以下場景：當時，我與朋友在散步的情形，這位朋友早已逝去了。在大海西邊的一個廣闊的沙灘上，黃褐色的沙子鋪撒一地。至今，我的耳畔仍在迴盪著獵獵海風發出劇烈的嘶嘶聲，嗅著海水那苦乾的腥味；微浪輕聲拍岸，在海岸邊的沙丘上，可以看到一些綠色植物赫然映入眼簾；朝著海岬的一方，可以看到一艘輪船在緩緩的挪動著身子。而看上去有點朦朧的岬角，幻如虛影，讓人難以靠近。當我們倆將自己的所思所想傾訴出來之後，我覺得那一天真是上帝賜予我一份大大的禮物，而我也欣然接受了。雖然我不知道一段如珍珠般的記憶的價值是多少。我認為，這些猶如珠寶一樣珍貴的回憶緊緊的埋藏在心底深處，在我所認識的男男女女中，看上去這是很普遍的，但有時想起來又是多麼有趣啊！

在想起自己與不同人交談時所留下的珍貴回憶之時，奇怪的是，我發現最讓自己印象深刻的談話是幾乎都是與同性進行的，而不是與異性。男性之間的談話，有一種很純粹的開放、平等的兄弟情誼，而這些是我在與女性交談時候很難發覺的。我想，可能有一種不為人知的性別感滲透進來了吧。在與女性交談的時候，覺得她們的經驗或是情感與自己很難有交匯點，所以，感覺就好像存在一堵無形的牆。在與女性交談時，我覺得自己突然變得具有某種莫名的同情理解的情緒，且變得技巧化。所以，自己很容易陷入自我本位的這種情緒之中。我發覺，相比於男性之間的坦誠交流，與女性進行這樣的談話似乎要困難許多。就我個人的感覺而言，這可能是由於女人們傾向於對別人的性格或是品味形成某種先入為主的成見。而想要與那先入為主的人展開坦誠、自然的交談，難度驟然加大。特別是當她本人意識到這樣是不對的時候，更是如此。相對來說，男性則不會急於對某物形成印象，那麼交談就顯得更為坦誠。在與男性交談的時候，時常會遇到不同觀點的反駁，而正是這種反對之聲激起了人們去思考。

　　與一些趣味相投、正直且富於同情感的人或是一些既能有批判眼光又有欣賞眼光的人在私下場合展開對話，若是對方的觀點與自己有足夠的差異，這其實更可全面的看待某個問題，把自己之前忽視或是看不到的東西在顯露心靈之中 —— 這樣的交談是高等的智慧享受，猶如在休閒之時，慢慢啜飲一杯香茗。

　　沒有人知道如何才能成為一位善談者。有些人乍看具備了

許多基本條件，但就是差在不知如何拿捏講話分寸的問題。在我看來，有兩點是很重要的，其一就是心靈或是行為本身自然散發出來的魅力，這純粹是一種稟賦。其二，自己要樂於在談話過程中充當配角。

即使在不具備這些能力的前提下，人們仍可成為一名及格的談話者，甚至是一位很有趣談話者。人們樂於聽那些睿智之人對其所熟知的領域的談話，即使有時他們的口氣比較強硬，人們仍然會以一種接受的心理思維去接納；正如一位準備去聽講座的聽眾一樣。在大學裡，有不少善談者，偶爾能與他們交談，這不失為一件樂事。他們談論的話題很廣泛，當某人對某個領域很熟悉，那他就可以好好的「炫耀」一番。人們普遍會以為，在大學校園裡，應該能找到許多融洽的談話吧。但現在的這一代老師卻是缺乏休閒的，這是展開有趣對話的一大障礙。到了晚上，大部分老師都已累得筋疲力盡。在白天，他們要努力工作，於是，他們覺得晚上的社交時間是可以放棄的，正如蘇格蘭人所常說的：傻瓜的遊戲。他們把談話只是看成對一些八卦的戲謔或是惡搞而已。一位專注於某一領域的人被認為是沉悶的。我認為，相比於年老或是年輕一點的老師，中年老師是最沒趣的。就像所有成功的專業人士，這些中年教師都是很忙碌的。他們要做講座、參加會議，他的桌面上總是有許多文案，他們沒有時間進行通識閱讀。而他的休閒時間也被不間斷的訪問所占據。但年輕教師則通常沒有那麼忙碌，而且更富有熱情。而最好的選擇莫過於年長一點的老師了。他們開始能用一種平常心去看待一切，對世上茫茫人事有了更深的感

悟。哲學的薰陶或是良好的性情所鑄造的寬容大度，讓他變得更為和藹可親。他做事不會很匆急，也不會為某事而顯得憂心忡忡。他專心於閱讀每天的報紙，總是有些事情讓自己忙碌起來。他往時的雄心壯志已成煙雲。別人對他的尊重與關注就足以讓他心滿意足了。

我想在某一程度上，所有人都普遍依照這個規律的吧。但關於談話很重要的一點就是，若想有所斬獲，人們必須意識到這是一項目的明確的心理任務，而不是那些不經思考而隨意迸發的瑣言碎語。要想做好這一點，我們就要深思熟慮，內心不能有自私之意，還要準備好一腔熱情。而難處就在於，這需要人們有廣泛的興趣、健全的心智。我們無須事先在心中預定著某個主題，然後就照本宣科的談論著。那些想讓社交聚會獲得圓滿的人，就會邀請演奏家或歌手來助興，或是精於待客之道的人來作為調度者。但在現實中，很少人會有如此縝密的心思，會想到在聚會上加入兩到三個的善談者，並且還要求這些人要有同情心。

毋庸置疑的是，正如其他藝術一樣，談話也是一門真正的藝術。這需要一個良好的環境及適宜的周圍條件。人們往往也會這樣認為，因為他們對自己心中所想的東西感興趣，並且能將這些想法用語言表達出來。其實，許多人都有足夠的資源去營造良好的對話。但還需要一種稀有的品質。在談話時的一種微妙的感覺，或是某種靈感，都會為某個話題的對話帶來一種獨特的魅力或是意想不到的效果；一句讓人感到愉悅的比喻性的話語，一種將抽象的思想用通俗的語言表達出來 —— 以上

的這些多少都是天賦所致的。我聽過一些知識淵博、富於智識之人就某個話題的談話，給我的感覺是，我希望自己永遠也不要再聽第二次了。但另一方面，我也不只一次聽到不少人經常談論一些老掉牙的事情，但他們的繪聲繪色卻散發著一種芳香，讓我反省自己之前為什麼從沒如此全面的考慮這個問題。我以為，人們在對這些能力表達讚賞或是對其天賦給予讚揚的時候，應該要慎重。因為，這種天賦是如此的罕見，當我們發現之後，應該持歡迎的態度。這種藝術的存在在很大程度上取決於那些樂於此道的人所公開表達出的感激之情。其實，人生許多對快樂的印象都是在對人性與差異的半遮掩之時形成的。沒人會忽視這種純粹的樂趣，或是在對製造這些美好感覺的那些微不足道的小事，抱著愚蠢與不由分說的鄙視。那麼，他將失去從中獲得快樂的機會。

單元 06
淺談「美感」

今日，當我在房間坐著之時，突然間，一種罕有的美感醍醐灌頂般的潛入我的心靈之中。讓我產生類似精神愉悅印象所需的物質條件是很普通與簡單的。透過房間的窗戶，可以看見一個很小的庭院。那裡有一塊草地，在它的右邊則是一座用石頭疊成的古老的牆堵。緊挨著牆堵的地方，有一排歷經風雨的參天的菩提樹。在牆堵的右面，則是禮堂的東側，在那體積龐大窗格花的窗子上點綴著紋章式的盾徽。此刻，當我向外眺望之時，陽光照射進了一個不為人知的角落，頓時充滿了生機，各種顏色斑駁的交雜在一起。青草蔥蔥，葉子簇簇，棕褐色的根莖，牆上乾淡色的苔蘚，在窗戶的光線的映襯之下白光閃閃，頓時，眼前所有的一切形成了一種細膩而又和諧的淡淡色調。之前，類似的景象我已看過多次，從沒有想到會有如此這般美景呈現於眼前。

　　感知美的能力是一種多麼神祕的力量啊！這就好似某種不為人知的海浪，隨時在漲落，消長。這不為我們的身體狀況、內心的悲慟或是歡樂所左右。在我們的人生裡，看上去一切順風順水，事遂人意之時，世界之美則像我們輕聲哼唱的歌曲中那和諧的旋律。我們會遇到萬事如意的時日，讓自己能一帆風順，過上心滿意足的日子，對生活也是滿懷期待。當美感遠離我們之時，當我們的內心變得沉靜與滿足之時，晝夜轉換間細微的色彩變化，我們卻不予理睬。此時，音樂難以融入我們的心靈，而詩歌此時也只不過是一些整齊劃一的句子所發出的叮噹之音而已。我們時常莫名的會有陰沉或是沉悶之時，覺得工作沒勁、歡樂咀嚼起來沒有味道，只是懷著遲鈍而沉重的情

緒去工作或是享受所謂的歡樂。我們時常也會被說不清、道不明的煩憂所籠罩，也許這是緣於身體的某種痛楚或是積弱。在這些暗無天日的生活裡，突然迸出一種美麗與罕見的亮光，讓他們回想起萬物復甦的春天，繁花積錦簇擁下的雜樹林，閃耀著各種豔麗的色彩。在我們心中充盈著一種神祕的渴望，一種帶有快感的悲傷。在此等心境之下，幾曲小調、熟悉旋律所散發的攝魂的曼妙之音；暮曉時分，小鳥的空鳴、夕陽的餘暉掛在孤寂的荒野之上，所有這些都讓我們的內心激奮起一種無以言表、似要迸裂出來的激越之情。也許，有些讀者在讀到這些文字的時候，會說這些很虛假，認為只不過是我個人一廂情願虛構出來的。不可否認，有些性情溫和、心智健全且是喜於寧靜之人，他們還未曾有過類似的感受。但對我而言，這是人生最為真實與最為平常的事情了。這種對美的神祕感知與欣賞的時光裡，一種美好的回憶積澱在心間，成為我生命中最為重要的時刻。但這種感知美感的情懷卻是很難控制，時刻會突然消失，讓人生發沮喪的情緒，好像它永遠也不會重返了。但是過了幾天之後，在某天拂曉時分，這種美感又降臨於我身上，讓我深深的為之陶醉。

　　若是我所描述的這種感覺與身體的某種狀態有關聯，若是這種感覺只是在我順心或是高興時才出現，或是在我失意垂頭之時離開；抑或是在我身體精力充沛之時，無情的拋棄我，卻在精神萎靡之時普照於我。那麼，我就會認為這種感覺的出現與身體是存在某種規律的。但事實上，這卻並不遵循任何物質規律，而更像一隻古靈精怪，隨意的出沒。當它潛入我的

心靈，任何事物都無法將它驅趕，它就深埋在我的懷中。在心神勞累之際，讓我精神稍微為之歡愉一下；另一方面，悲傷或是沉鬱的極限都不能讓這種感覺停止運行。曾經有一次，當我站在我所愛之人的墓前，自己心中卻想著還有很多事情亟待去做，以及許多還需要去安排的事務，這些紛擾就像一團厚重的烏雲籠罩在頭上。當人生沒有了這種光芒之後，就會覺得前景是如此的暗淡無光。但當這種神祕的美感潛入心靈之中，音樂的節奏卻能讓我為之落淚。送葬的花圈上裝飾的精美的花瓣，它們那美麗的曲線讓我墜入了無邊的沉思；它們那可愛的精緻，那沁人心脾的芳香。此時此刻，在人的心靈中就會願意去相信有某種虛無縹緲的、沒有靈魂的生物的存在；正如《暴風雨》中的愛麗兒[20]。這種感覺無邊無涯，控制著專注力，好似一個愛鬧脾氣的小孩子，碰到讓其為之陶醉的夢幻之時，就會不計後果的去追求。

這絕非純粹一個智力等級的問題。因為這種美感的出現是以一種誰也無法預測的方式進行的。無論是對於那些正在專心致志工作的人，或是那些忙碌抑或分心之人，他們獲得垂青的機率是相等的。當某人就是在抬頭的瞬間，陽光灑在波光粼粼的水面上或是照射在一堵古老的城牆上，耳邊聽著樹間沙沙的聲響，鳥兒的歡歌，這些都不禁讓人心醉神迷，像是被一種神

---

20 愛麗兒（Ariel），在《暴風雨》（The Tempest）裡是一個有魔力的精靈。曾經因為違背邪惡女巫的命令而被禁錮在一棵松樹上達 12 年之久。流亡到這個荒島上的米蘭公爵普洛斯彼羅（Prospero）憑藉魔法解救了 Ariel，並讓 Ariel 答應為他服務一年。莎士比亞的最後一個故事是圓滿的，Ariel 也得到了自由。

祕力量所俘獲。某天，當我在相同情形下工作之時，夕陽西下，如紅彤彤的金盤掛在年老的院子上方，鴿子在高高的榆樹上低聲碎語，水仙花在草地上傲然仰起它那優雅的身姿。但此情此景，於我而言不過是一派沉寂與昏黑，沒有一絲魅力或是攝魂之感。

　　對美感的感知看來是精神領域不受控制的地盤，無論是在身體或是心理層面上，都是如此。在一天之中，有時會出現幾個這樣的時刻，但都瞬間消逝了。一週前，我與朋友們出去度假。我與一群友善且幽默的同伴一起走在春天的森林的小道上，彷彿置身於蘇塞克斯山脈褶皺及峽谷織成的一張網之中。天空到處閃著流光，遠處的褶皺似為整片森林穿上了一身外衣。在溫暖的空氣中顯得那麼的純藍，又是那麼的遙遠。但我對這些都毫無感覺。後來，當我走到了一個之前已駐足過數百次的地方停下腳步休息時，我看到一條小溪正緩緩漫過一扇破爛的閘門，進入裡面被棄置許久的大鎖，景天樹在原來的磚瓦場茂盛生長，而橙木則在坍塌的砌磚上牢牢扎根。面對此情此景，我彷彿被醍醐灌頂一般，覺得自己那個乾涸的靈魂終於在一個陡峭的山巒隱蔽下的洞穴裡面，踏破鐵鞋無覓處的發現了一股汨汨流淌的清泉。此景、此聲，讓我的靈魂得到滿足與安息，忘懷人世間的一切煩憂。

　　真實的事情就是這樣。我覺得，這也並非一件多少帶點離奇的事情。但這種感覺卻是有賴於某種和諧的心境。可以證明類似事實的例證就是，同一首詩歌或是同一個曲調，在某個特定的時刻能激起我們心中強烈的共鳴；但在另一個心境之下，

卻絲毫不能漾起心中半點的漣漪。所以，有人不禁悲觀的感嘆道：為什麼之前自己欣賞或是喜愛的事物會變成如此這般。但正是美感的這種瞬間與短暫的特性讓我有一種安全感。若是某人去看待那些以強烈的審美感去生活的人，比如羅塞蒂、佩特、J.A.西蒙茲[21]這些人的生活，他就會明白在那種微妙的感覺之中，許多其他的感覺都被犧牲掉了。人們會看到，對於諸如羅塞蒂這些人來說，美感所帶來的感官享受是如此的劇烈、燦爛，他們願意花上一生的光陰去追尋美感，並將之視為唯一的要務。他們的人生讓人們覺得，他們是時刻準備著用織網到水中去捕捉，希望能找到那種「閃著強光且有尖利魚鰭的生物」；他們覺得自己之前沒有被美感光顧的日子或是時間都是貧乏與荒蕪的。我情不自禁的想，這實在是一件很危險的事情。這只會讓心靈耽於某種審美感覺上，結果失去了一種均衡感。對某種情感變態的追求的危害在於：隨著生活的繼續，我們的感覺功能就會日漸淡漠與蒼老，悲觀之情就可長驅直入的湧上心頭。

就我個人而言，自己正是被美感這種來去無蹤的特性所拯救了。我從沒想過故意去捕捉這個感覺，因為這是徒勞的。任何一項工作，無論其本身多麼乏味或是多麼引人入勝，都不能獲得其特殊的青睞，反之亦然。美感根本不像人體一樣，有其一定的變化規律。因為人們可以從一定的飲食、鍛鍊情況及習慣中可窺探一二。當我最為煩躁或是憂傷時，這種感覺就如暴

---

21 J.A. 西蒙茲（John Addington Symonds，西元 1840 ～ 1893 年），英國詩人、文藝評論家、翻譯家。

風驟雨般傾瀉下來，但我始終扼制自己不要去刻意的挽留這種感覺。絕不！我們活著的時候，就不要去多想這些。當美感降臨時，心存感激；當其消退時，亦是心滿意足。

關於自然之美，我想關於描述或是談論的資料已是不可勝數了。我這樣並非是說，自然有哪一刻是失去它那本真之美。但是，人們聽到或是看到許多關於「享受自然」的洋溢言語都是很不真實的。但在另一方面，許多人對大自然之美所感受到的真實讚嘆卻沒能淋漓盡致的表達出來，這也許是他們沒有有意識的去感受的緣故吧。要對自然有一個真實、深邃的理解，這需要某種詩性的才華，而這種才華是很稀罕的。許多人都有很強的語言表達能力，但卻缺乏獨創性，正是這種思維的困囿讓他們覺得，用文字表達對自然的感受與自己真實的感覺還有相當的距離，但人們往往又有這樣的期盼。

換個角度來看，我以為，在許多安靜之人的心靈中，他們會生發對祥和的地球所散發出的美一種發自肺腑之愛與歡欣。四季嬗替，大自然在默然中進行著種種精妙的變化，生命如潮水般漲落不息；朝暾夕暉，變化萬千、鬼斧神工的幻象；清澈的泉流千迴百轉，驚濤拍岸，裂石震胸；被我們稱之為上帝精美作品的各色花朵的種種超脫於塵世的曠世之美、馥郁的芳香；天高雲淡，朗月高懸；夜空則是一派星宿織錦，密麻如線。

些有幸住在靜謐鄉村的人能夠深切感受到大自然的無聲之愛以及那份寧靜。而一些人則不得不住在紛擾的城市之中，但他們卻仍有某種強烈感受美感的本能，這也許是從其祖先那裡遺傳下來的。在他們親身接近大自然的短暫時間裡，他們同

樣能深感其樂。

費茲傑羅[22] 講過他到倫敦拜會湯瑪斯・卡萊爾的故事。在卡萊爾房子最頂層的一間房間裡，他倆坐了下來。窗外可以看到後堂及煙囪頂管的寬廣視野。然後，費傑傑羅聽著這位「聖人」是如何痛斥與謾罵城市生活的可怖。但給他留下的印象卻是，也許卡萊爾也並不是很想離開這個被他「詛咒」的「鬼地方」。

而事實上，在當今社會，人們把對自然的熱愛看成文化修養重要的一環。這其實也是許多在社會上有頭面的人所願意承擔的。一般人很少會說，自己對國家政治、遊戲、體育、文學或是欣賞大自然與宗教等方面提不起半點興趣。事實上，也許除了對遊戲與體育之外，人們所說的對上述方面的興趣要比實際弱上許多。若有某人很坦白的說，自己認為所有這些話題都是無趣的、讓人厭倦與荒唐的。人們就會認為這個人是愚蠢、莽撞甚至是野蠻的。也許，許多對這些話題表現出深切關切的人們都會覺得，他們是在表達出自己一種真實的情感。但他們卻不願說出自己在其他方面混淆真實情感的詳細歷程。有不少人把大自然之美只是局限於清新的空氣、其表面的一些具體變化、景色的轉換。一些著名的高爾夫球手在談話中講到自己對自然的熱愛。他們也並不知道自己的話有什麼不真誠之處。他們把心底對這項運動追求所產生的樂趣說成對周圍怡人環境的樂趣。我在心中不禁猜想著，他們的注意力應該只是集中於

---

22 費茲傑羅（Francis Scott Key Fitzgerald，西元 1896 ～ 1940 年），美國短篇小說家。

那個白色小球、比賽場地地勢的高低，而非大海與天空組合的壯景。

　　正如其他高雅樂趣一樣，若是無法從對自然的觀察中擷取樂趣，在實踐的過程中仍可獲得極大的提升。我並不是說對自然歷史的追尋，而是對一種自然情感的尋求。恰似藝術品為人所帶來的愉悅，我們這種對細微之處的感知所產生的情感，亦是如此。許多人都自信對自然景象有一定程度的鑑賞力，但實際上，他們只是停留在那些讓其心頭為之震撼的宏大景象之中。從那讓人眼花繚亂的廣闊畫卷中，聳峻的高山，陡峭的峽谷，「銀河落九天」般的瀑布 —— 在這些都是人們習慣於稱之為壯美的畫面之中，他們才能獲得一定的樂趣。當然，這也是不錯的。我們還應該從大自然的細微之處領略它的美。我所談到的這種對美的感知是可從平常事物中獲取的。出外碎步一陣，甚至只是透過窗戶偶爾向外面投去一瞥，都可獲得這種感覺。我們所看到的不過是一些光線與色彩交雜的小幅畫卷。在這樣的畫卷裡，在常人眼裡，產生美的機率是很低的。其實，不僅是一些宏大的場景；有時，就是一些很普通的景象表面上的改觀 —— 例如，樹林叢中的青綠突現於郊區某個花園的牆垛上，或是夕陽西下，偶然間落在池塘或映照在花朵之間，所有這些對事物的感知源於內心的一種情懷。在漫漫人生之中，當難以消除的困乏占據心靈時，就會讓我們覺得很難有再讓心弦為之顫動的時刻了。但突然在瞬間，一股柔軟與舒暢的心境又返回心間，覺得整個世界又洋溢著美感。

　　即使在這裡 —— 這座小城上的古老大學裡，到處都有讓

眼睛及心靈感受到美的存在的景致。當然，這並不單純是自然的美景。但正是在這種自然之美下，讓藝術汲取無盡的靈氣，趨向成熟。這些巨石所疊成的莊嚴的建築，就如同歷經風雨仍舊聳立的懸崖峭壁，搏擊著世間風雨。在很久以前，這些建築就被花園的樹林環繞，鶴立雞群的聳峙著。它們就如原本在森林中愛唱歌的鳥兒，現在待在金絲籠裡也是心滿意足。這些求知的神聖殿堂，以燦爛盛開的花園作為背景，顯得那麼聖潔。在離大街很近的地方栽種這些樹木，猶如一座無聲的堡壘將外界的塵埃與喧鬧隔絕，以一種莊嚴不可欺的凜然氣勢，捍衛著人與人之間真誠交流所帶來的寶藏。這個城市的建築上的塔尖鱗次櫛比的聳立著，好似卡米洛特[23]宮殿，顯得既宏偉又黯淡。這其中蘊涵的浪漫情懷，只有為數不多的城市才能與之相匹敵。若是在水邊離群索居，在整齊有序的小巷中漫步，一種久遠的安全感及一種充裕的隱士情懷在心底慢慢「冒芽」，所有這些都具有一種無與倫比的魅力。日復一日，當某人腳步匆忙或是在悠閒的走著，這種魅力就會襲入心頭，夾帶著無法抵抗的力量，心底產生一種全新的印象就是這種最高境界之美的憑證。同時，一些場面恢弘所帶來的美時不時衝進那些愚昧的心靈之中。對自然之美有深切體會之人都會默許一種平淡、近乎質樸的心靈感覺。之前自己已看過百次的森林形成的曲線，休耕後田野的交錯阡陌，牧場上不起眼的一個小池塘，四周環繞著燈芯草，遠處丘陵似長長的藍帶，夕陽餘暉下多變的雲翳

---

23 卡米洛特，英國傳說中亞瑟王的宮殿所在之地。

—— 這些都會讓人感到全新的愉悅。這種愉悅感隨著觀察的深入細膩以及直覺而增強。

到此為止，我已談論了我們眼中的自然。對於一些沉靜與富於洞察力的人的一些心靈感覺，讓我們進一步的探討一下這個問題：即自然究竟對一顆深受重壓的心靈及被陰霾所籠罩的情緒能產生什麼作用呢？難道自然真的有某種所謂的「自癒力」，能夠治癒我們的悲傷或是撫慰我們的憂慮？有句古諺是這樣說的：鄉村有助於彌合一顆受傷的心。事實真的如此嗎？對於一些吹噓自然具有某種所謂「療傷」作用的睿智之人或是詩人，我不敢認同他們的觀點。無疑，我們所深愛的東西有助於分散我們的注意力。但我想，當自己沒有心緒去面對眼前的一切的時候，眼前的寧靜或是激蕩的美景只會徒增個人的痛苦。在我們順心遂意之時，彷彿白然在與我們微笑；而在烏雲滿布，累累憂傷之時，空氣中都好似瀰漫著惆悵與詭異的氣息，控制著我們無邊的哀愁。當某人被悲傷折磨時，自然的「微笑」反而更像一劑毒藥，使人抓狂，此時的這種情感，類似奧賽羅（Othello）在看到黛絲德摩娜（Desdemona）時所表現出的憤怒。他會認為這是大自然的錯，她並沒有什麼憐憫、同情之心。她有屬於自己的工作要完成。而她的整個變化又是那麼迅速與炫目。她好似在咯咯的嗤笑著，無情的將人們的失敗丟在一旁。她好像對那些被傷痛或疾病重壓的人們說：「不要一心想著從我這裡得到慰藉，歡欣起來吧，自己去尋找快樂吧，否則，我也只能將你拋棄了。」遠眺自然之景時，覺得這些景象有助於恢復一顆受傷的心靈，看似上帝的心靈還是公平與甜

蜜的。但上帝或是自然對這些受傷的心靈都沒有直接的諭旨。

> 「直到爐火中的火光熄滅，
> 我們才會真正去尋找與星星的連結。」[24]

一位富於洞察力的詩人曾這樣說過：大自然給我們的一種安慰的方式，並不是直接的同情或是某種柔情。人們可以憑藉自己不可戰勝的精神，從對自然的沉思中勇敢的提取精髓。自然時刻不息的運轉，並沒有空閒去治癒什麼。多數人所感受的悲傷時光通常源於人生中我們所愛或是所丟失的東西是無法彌補的，難以從來。自然可以容忍世間的一切，但她實際上並不會因此而改變少許。這是一個很殘酷的事實。讓我們相信這點，因為在這個世上，只有真理才能讓我們進行終極的反思。而對於年輕人的心態而說，這是很不同的。對於所有年輕人來說，即使他們在過往的追尋歸於失敗，但他們很快就會找到一個替代的目標，並從中感受到全新的樂趣。他們不希望自己面對一些事實，就好像在童話故事裡，當男女主角安然無恙的歷經磨難，最後幸福的生活在一起。然後，這故事的帷幕就迅速的拉下了。「從此之後，他們過上了幸福的生活」，但稍有閱歷的人知道「從此」（ever）一詞是要去掉的；那麼問題就出現在「之後」（afterwards）這詞上來了。因為，他們遲早也要經歷最後死神將他們分離的痛苦。

我希望每個人都有自己的生活方式，明智的享受人生的樂

---

24 出自英國詩人與小說家喬治·梅瑞狄斯（George Meredith，西元 1828 ～ 1909 年）的詩歌。

趣。透過各種方式，培養自己憐憫及樂天的性情。在我們那個時代，人與人之間的交談是輕鬆與簡短的。透過每日的報紙，整個世界的進程都可以在一座偏僻的圖書館裡所熟知。因此，我們也變得更為忙碌，身無分閒，認為熱鬧勝於安靜，個人利益得失勝於內心的平和。若是每個人偶爾都能獨處一下子，這是很有好處的。我們無須逃遁這個社會，而是要堅信一點，我們不能將自己的幸福構築在熙攘的人群之中。我希望那些平常忙碌之人能夠捨棄一些娛樂活動，或是放棄一些金錢的收入來換得哪怕是某個時刻的憂鬱之感。他們應能獨自面對自己的靈魂，敞開心扉，面對自己。他們應多到田野或是樹林中感受那些恬靜而又不屈生命的價值。他們可以獨自在孤僻的地方漫遊一陣，看看那榛樹覆蓋下溪流潺潺汨汨，宛如一曲優美的樂曲在林間深處時刻迴盪；不時可以聽到小鳥清脆的鳴叫；在草地上絢麗的花朵在綻放著；雜樹林中，野生的紫色風信子、如星星一般的銀蓮花，它們都已爬到了小溪下游蔥蔥的草皮上來了，看看它們腳下的一片奇妙的世界。在遠處有些許坍塌的城郭在陽光下熠熠閃光；或是站在懸崖峭壁上，俯瞰下面的一排麥浪。大海如褶皺的大理石散開著，或是在退潮之後的海邊散步。也許有些自詡為理智之人在看到這些文字的時候會認為，我是一位無可救藥的多愁善感者，但我並非如此。我覺得，那些從沒看過此等景色的人，他們好比關上了心靈的一扇大門，這是一扇通往甜蜜與真實的大門。「你想想野地裡百合花」[25]，

---

25 「你想想野地裡百合花」，出自《聖經·馬太福音·6:28》。

一位現在被我們尊稱為「指引」或是「師父」[26] 的人在很久之前就曾這樣說過。在平淡的感覺裡，拓寬自己的眼界，願意接受事物為自己帶來的某種印象。我深信，這就是真正智慧的本質。在大千世界裡，我們都有自己的事情要東奔西跑，但同時，他們必須要時刻去學習。在古代寓言裡，那個拿糞耙的人，撿拾這大街上的稻草與塵土。若他注定是要做這麼低等的工作，那麼，他的所為可算是忠實的履行了職責。但若他有意識的抬起頭，若他讓自己有哪怕是一刻的閒置時間，他就可看到上帝正在他的上方，完全在他伸手可觸的範圍，但他卻沒有伸出自己的雙手。

在當代，有一位著名諷刺家寫了一段流行的諷刺段落。這位諷刺家稱自己到人類所有情感的巢穴裡走了一趟，發現所有這些情感都包含著某種原始與可鄙本性的稀釋物。但人類對自然純粹與不帶感情的愛卻是沒有絲毫占有欲的念頭存在的。在這種愛中，沒有動物本能摻雜其中，當然也不會引起半點占有欲，不會引起自我保管的私欲。若是這被一種平靜享受樂趣的感覺所喚起的，或者說是在一種良好的環境下，人們可以過上知足快樂的生活。但這也會讓人想到人生的諸事不順，暴風驟雨，念及難以企及的頂峰，野渡無人的碼頭，長河落日，咆哮的大海。這為人帶來一種驚奇、神祕的感覺，喚起我們對未知事物的一種莫名與飢渴的盼望，其中往往有某種憂鬱夾雜其中，這並不會讓人感到痛苦或是悲傷，而是能增強且提升人生的重要的價值。雖然我不知該怎樣表達它，但在我看來，這是

---

26 指耶穌基督。

一種空靈的召喚，召喚我們嚮往靈魂深處更為宏大且更富愛心的力量。我所談到的本能會讓心靈集中於其自身，在出於某個自私目的的驅使之下會增強許多。但自然之美卻好像召喚這種精神出來，好像召喚拉撒路（Lazarus）從躲在岩石鑿成的墳墓中出來的聲音。這讓我認識到自己那卑微、微不足道的欲望都不應左右我們的心境。在心靈之外，還有某種更為強大與宏偉的力量，我們可以分享這種力量。當我寫下這段文字的時候，看到窗外熟悉的景色在悄然發生著變化：天際布滿了駿黑的雲團，從低矮的落日中，可以看到暈白的亮光在閃爍著，照亮了整個屋頂、樹林、田野。在白光的映襯下，一群白鴿掠空，在空中盤桓許久，在昏黑中翻滾的蒸汽的背景下，形成了一個明亮且移動的斑點。這些激烈且讓人震撼的景象於我而言有何深意呢？這其中沒有一絲自私的快感，沒有個人利益得失的牽絆。它沒有向我承諾什麼，只是為我帶來一種深沉且不足為人道的滿足感，讓心胸積鬱許久的憤懣一掃而光。

有一天，我讀到一本很奇異的書，這本書是講述奇幻對精神影響的。我們心靈深處的幽夢可從對物像的沉思中被喚醒。我認為，這並非是不真實或是難以置信的，就好像只是在製造某個祕密，在與心靈玩一場捉迷藏的遊戲。也許，我不應該這麼說，因為這本書的作者是抱著良好的出發點的。但從那之後，我就會經常思索這一點。在某種程度上，所有人都是受到精神的影響。自然向我們施加了某種魔法 —— 換句話說，一種斷續闖入我們生活的一種神祕力量，來自不知何域的資訊，這一資訊被物像所喚醒。孤雲上的一縷光、草地上的一朵花、

一條小溪 —— 所有這些我們之前看過千百次的普通物像 —— 都讓我們的心靈陷入沉思，那些寬大且不可言喻的東西向我們漸漸趨近，這在我們看來，只能稱之為魔法。因為這不是常理或是以某個具體的術語就能描繪的。但這種感覺卻是真真切切存在的，這是那麼的持久與不容否認。這看似是一道讓靈魂通往未知遠方的一道橋，帶給我們一種認清事物重要本質的能力，以及一種渺遠的願景，留下一個永不消失的期盼。

當然，這也可能只是某些人所特有的一種心理習性。但是，試圖去表達美感為何物是一件極為困難的事情。在選擇什麼標準去判斷或是評價美感時，心靈顯得是那麼的猶豫不決。我覺得，在許多人心中對此沒有應有的感覺的一個原因就是，他們在許多事情上不是相信自己的直覺。他們在很小的時候就以別人的觀點來形成自己對美感的認識，再將自己的認識與別人的認識重疊起來。我堅信，若是自己不是真心誠意的讚美某物，某物就不值得讚美。當然，人們不應在年紀輕輕時就形成自己對美的固定認識，然後就頑固的堅持自己的觀點或是自吹自擂。若是有許多值得尊重之人都宣稱讚賞某些事物或是某些場景，那麼我們就應下定決心去發掘到底是什麼那麼吸引他們。但這需要一段時間的積澱，當某人有了足夠的閱歷，當他能辨別或是做出自己的決定之後才能做到。我想在這一點上，最好要適合自己的，不要人云亦云，要符合自己對某類事物真正的感覺，不要時刻讓別人的觀點改變自己的看法。

對美感的欣賞基本上是本能的範疇，這仍是心靈難以揭開的一個謎。有些事物，就比如一朵花朵形成的曲線及顏色，年

幼動物的奔跑，這些場景對人類好似具有永恆的吸引力。但對自然風景的享受，描繪粗獷及陡峭高山的畫像，它們所產生的美感則幾乎不存在古代作家的心中。這種情況最後出現在一位作家可追溯到十八世紀的詹森博士。他曾說過，高山是醜陋的。格雷[27]可能是認真培養對這些「上帝製造的醜陋生物」美感認知的先驅者。在這之前，這些「永恆沉睡的巨石」及「轟鳴的瀑布」在我們的祖先那輩人心中產生的是一種可怖的情感。格雷好似對這些風景之美的真諦有所感知。而事實上，奇妙、險峻、永不滿足及宏大的自然似乎包羅萬象。在格雷所寫的書中都有描繪自然的小插圖。讓我高興的是，他曾遊歷過萊德山，並且認為它是美麗的。而在此時，華茲渥斯[28]才剛剛出生呢！

在藝術、建築以及音樂等領域裡，對美的感覺則是更加複雜的事情，因為其中沒有任何法則可循。藝術品是不宜將細節都完美呈現的。一幅稜角分明的畫像通常是倒人胃口的。但若是在藝術品中添加一些人性、感情或是某種真理，增添某種能牢牢抓住靈魂的東西，這樣的藝術品才會擁有一種難以捉摸且難以形容的美感。

我篤信一點：人類對美的感覺的本能也許是靈魂得以永生的一個本質吧。事實上，在某些時刻，這會讓人產生某種前世之感，覺得自己喜歡的某些事物可以追溯到潛意識產生之前的

---

27 格雷（Thomas Gray，西元 1716 ～ 1771 年），英國 18 世紀重要詩人。代表作：《墓畔哀歌》等。

28 華茲渥斯（William Wordsworth，西元 1770 ～ 1850 年），英國桂冠詩人。代表作：《孤獨的刈麥女》等。

時候。布萊克在他那洋洋灑灑、滿懷熱情的話語中曾更進一步的稱：人類永生的希望不在於美德，而在於智識上的感知。人們很難去反駁這種說法。當某人進入了某種真的可稱為無與倫比的美之前，且不論這種美以何種形式出現，但卻能喚起內心深深的渴望，這是一種更為深沉與真實的滿足，這不是單純從沉思中就可獲得的。我自己也有幾次沉浸在這樣的時刻裡，認為自己好像正在觸摸到一些重要祕密的邊緣，只有一層最微薄的帷幕阻隔在我與關於人生的全部真理。若是我能穿過這層帷幕，那麼對人生的認識就會大為改觀。但這些已逝去，這些祕密也遲遲不能解開。但若認為情感是源於上帝給予我們的直接資訊，這則是正確的。因為這其中沒有一種占有欲或是毀滅的標誌，而只有一種神聖的感覺占據心中。無論美感所依附的物像以何種方式出現，都會讓心靈迷醉。當然，這個過程仍是一團謎，正如許多我們無法接近的「完美」事物，而這些神祕所帶來的樂趣當然是來自對其的沉思。心靈要以一種開放的心態去敞開那些仍舊緊閉的大門。我們都站在那道門檻上躊躇，雖然我們還不接近；然後，就像夕陽的餘暉升騰起希望，這不是通往死亡的墓穴，而是開啟一扇生命的大門。

單元 07
淺論「藝術」

我希望能有一個比「藝術」一詞更好的字眼來替代其本身所蘊涵的那些關於美好事物的含義。「藝術」一詞本身是一個性子急與頗具爆裂性的詞語，就好像一頭發怒的動物在吼叫。當然，這個字眼也不得不承受一些別有用心之人的錯用為其帶來的負擔。更進一步說，「藝術」一詞代表著許多美好的東西，人們很難真正確定那些使用這個字眼的人所要真正表達的意義。有些人是用這個詞的抽象意義，有些則取其具體的意義。「藝術」一詞的「不幸」在某些慣用語中，它還有「虛構與謀畫」之間的細微差別。

　　我在這章所談論的「藝術」是站在其最深沉、真實的角度來審視的，即「藝術」應該是某種感知力，一種穿透對事物本質認識的能力。一般說來，在一些具有某種藝術氣質的影子且有一定表達能力的人，他們可從一些瑣碎資料中運用自己想像之力，化腐朽為神奇，就像在阿拉丁故事中的妖怪，他們能在一夜之間建成一座宮殿。我個人認為，藝術氣質要比人們想像中更為常見。許多人覺得很難去相信這種氣質的存在，除非其存在伴隨著某些虛弱的標誌。例如在能描摹出水彩畫或是能用鋼琴演奏出美妙音樂的人身上。但事實上，某人只擁有某種藝術氣質，但卻沒有一種釋放這種藝術氣質的能力，這也許是世上許多人終生鬱鬱不得志的最常見的一個原因了。人們可以經常看到，一些對自己性情難以控制、對別人挑剔成性的人，他們對自己的重要性或是自身的地位過分看重，這種感覺在任何藝術創作中都是不可取的。還有一些人總是鄙視別人，對別人總是持著批評的態度，他們內心難以滿足，這些人總是會有一

種失望與沉寂的感覺。他們熱烈盼望著得到別人的承認，覺得自己的真實才華的價值沒人賞識。對於這些人而言，生活中的任何敏感、慵懶、驕傲或是各種情形都不能讓他們內心稍感快樂。他們腦海中有著某種模糊的感知，但卻不能將這種感知用語言或是符號來表達出來。他們覺得平常的工作是乏味、沒有熱情的。他們與別人的關係則是毫無生氣可言的。他們認為，無論在任何環境或是條件下，他們都應該成為主角。他們好像從沒認識到一點：他們不快樂的根源正是出於自己身上。也許，稍讓人感到寬慰的是，幸好他們自己沒有認識到這一點，因為他們總是把自己的多舛歸結於命運，正是這一點才讓他從一種永遠也難以擺脫的沮喪中掙脫出來。

　　有時，藝術氣質存在於一定的表達能力之中。但若是沒有足夠的毅力或是深厚的基本功底，我們是很難創造出具有藝術價值的作品。因此，這也是我們常人的水準基本上都是停留在業餘級別的原因。有時，也會出現另一種情形，即創作者的技術水準超過自己內在感知的承受力，他們創造出的只是一批毫無靈魂的作品，讓人覺得這是許多以此為職業的藝術家的所為。因此，很少有人能真正看到外在與內在完美結合的作品。

　　很多態度謙卑及富於前途的藝術家們，他們為自己的藝術品而生活與工作。他們之所以倍感謙卑，因為他們永遠也難以達到藝術完美的境地；他們之所以富於希望，因為他們每天都越臻於完美了。一般而言，藝術氣質並不能帶來持久的快樂，其帶來的只是某些激越的時刻。當一些美好的願望最終達成的時候，在感到快樂的時候，也會感到深深的失落。而當夢想依

舊在縹緲的遠方靜寂無聲，而自己則為日趨退化的大腦而感到憂傷，害怕自己的生命之火隨時熄滅。誠然，一些具有藝術氣質卻很溫和之人，比如雷諾茲（Sir Joshua Reynolds）、韓德爾（Georg Friedrich Händel）、華茲渥斯等卻能倖免於此。但在藝術的歷史上，卻不乏那些要承受藝術之苦的人，他們為此失去了心靈的寧靜。

　　但除此之外，藝術氣質在很多情形下是存在於不被我們認可的藝術體裁之中的，這種藝術氣質可指引我們的生活。在這裡，我並非特指那些成功或是專業人士，也不是指那些本身就有快樂性情及以寬闊視野而獲勝之人，不是對那些認為工作是宜人的，而成功則是喜悅的人而言的。我所指的是那些對許多藝術形式中都有自己良好的感知力的人，他們對別人的藝術品存在的優點是有充分的認識，願意與這些人建立一種友好的關係。而對於那些認為人生本身的歡樂、悲傷、饋贈或是損失都具有某種浪漫、美麗且富於神祕色彩的人而言，他們重視自己與別人的關係，喜歡與不同的人物就一些問題交換看法。他們對別人充滿著興趣與對別人的觀點有著一種理解之意。他們汲取別人的優點，能夠穿透許多人為了保護自己而豎起的世俗「藩籬」。他們在藝術創作中都有相類似的感知。他們喜歡書籍、音樂、藝術，但卻不會勉強自己也要寫一本。他們能領略到欣賞與讚美帶給人的妙趣。他們時常在閱讀藝術家的生平時，能感受到這種智慧與大度的靈魂。他們熱愛藝術家、了解他們。他們的敬重並沒有被許多藝術家最醜陋的一點 —— 妒忌所蒙蔽。沒有藝術感的人會認為藝術家只不過是努力掙扎，

因為他們只看到藝術家們惱怒、虛榮、自尊自大，無法與這些藝術家魂牽的理想搭上干係。但對一些能不帶嫉妒之心去理解別人，用一顆同情心去包容他們時常表現出來的古怪行為，他們會產生一種真誠與大度之情，而這些都是在不經意間完成的。

　　有人認為，一種能帶來成功的藝術氣質是建立在一定的基本功以及對事物表面的感知，這種看法是不全面的。對於這樣一種人，他們把藝術氣質看成是時刻可被帶有美感或是值得感傷事物所改變的，把一種他們不能構思到的一種思想、幾行詩歌或是幾曲音樂以及一幅描摹看成能讓他們為之心潮澎湃的，這些人往往會認為這些精神必然是平和與柔和的，其中蘊涵著深不可測的高尚的東西。此上兩種人的看法其實是一個極大的認識誤區。從藝術的角度來看，那些表面上時刻變化與閃閃發光的情感的倉庫，這並非是包含深度或是柔情的倉庫。真正的情感應該是冷峻與淡定的坐鎮。在某個領域出類拔萃者，必然要以犧牲他們本能中的另外一些天性。在積澱的情感下面，是歸然不動的智慧力量，一種看待事物本質的能力，正如一位剛正不阿的法官，面無表情。正是這種歸然不動才讓一些藝術家成為傑出的商人，時刻找準時機，想賣個好價錢。對於那些以語言為藝術媒介的藝術家而言，這種「冷面鐵心」並不像其他方面的藝術家那麼的容易察覺。因為他們有妙筆生花，讓人留下深刻印象的能力，還有一種實際上是膚淺的想像模擬能力。偉大的藝術家的偉大之處就在於他們能夠在其作品中暗示某種情感，而這種情感的厚度是他們自己也難以估量的。

有時候，我覺得雖然女人對物體有很強的感應能力以及敏銳的直覺，但卻很少能達到藝術的最高峰。個中原因是她們缺少那份淡定從容以及性格中的一種強烈的自我主義，而這種特質在男性藝術家中是很常見的，這種特質幾乎是獲得藝術最高成就必不可少的一個條件。男性藝術家全然相信自己所從事的藝術創作的價值，然後全身心的投入進去，把藝術當作自己生命的某種目的。彷彿生命就賦予他的這個目標。他堅信自己所有的經歷或是自己與別人的所有關係、所有的情感都必須要服從這種藝術情感之中。這可以深化其藝術在社會的接受度，顯現出他心目中的世界所具有的重要意義。這種理想是一件高尚與神聖的事情，這可讓一個人純粹與勤勉的生活，為此做出任何的犧牲，忍受苦難。當一切塵埃落定之時，構成祭臺上的犧牲品赫然聳立在他的自我印象面前。而對於女性藝術家而言，則是很不一樣的。她們心中最深沉的思想是（我個人可以很感激的說），就是她們對別人具有強烈的奉獻之情，一種渾然忘我的無私之情。因此，她們的目的就是要幫助、鼓勵、同情別人。她們的藝術天賦服從於更為深遠的目標 —— 一種給予與奉獻的欲望。那些在心中有此般熱情的人是不會相信藝術是世上最有深度的東西。這些人更喜歡漂浮在死寂一般池塘的盛開的百合花。她們覺得百合花是清新淡雅的，象徵著某種神祕。但是所有這些皆源自生活，沒有哪一種東西能比生活本身更具深度與真實。

　　妄想讓自己潛到比自己個性及藝術氣質更深的領域，這是徒勞無益的。一個人應安於其自身所具有的某種審美能力。我

們要明白，「清水出芙蓉，天然去雕飾」── 這一高階藝術的特徵，只能在帶著堅定以及不計後果的信念，以及一種對藝術就是最高的目的的篤信方可達成。而對於那些旁觀藝術領域但又摯愛藝術的人來說，他們能看到藝術家美好的夢想，看到他們追求的真實及純潔，覺得人生還有一個更深層的神祕之處，在那裡，藝術也只不過是其的一種象徵，或是證明其存在的有力證據罷了。也許，藝術家有這種想法，本身就會削弱其在藝術上的造詣。但對我來說，那些把主要的興趣放在一種表達的快感之上，或是在興頭之上，揮就一段華麗的句子來將自己內心的思想完美且細膩的表達出來的人們，在思想的極限內，享受那種最高階的樂趣，這對沉迷於藝術之人實在是一個既可怕又強大的誘惑。一種思想、一幅美麗的畫卷以一種無法阻擋的力量及其內涵衝進我們的眼睛、腦海以及心靈。因為上帝營造了這樣的一幅畫面：在瓷色的夜空上流動著一抹淺綠，下面則是黑森森的樹林，一顆星星在濃厚的雲翳中掛著 ── 在帶著某種情緒去看的，這是不錯的，覺得這是上帝意志最可愛的作品之一了。人們會產生一種想要抒發情感或是簡單的描述一下這幅情景以及其喚起的歡樂，這都是以一種甜蜜的哀痛湧入心間，一種難以抗拒的神祕力量。若是某人能享受到少許這般永恆的神迷，然後再將其記錄下來，把這種歡樂與人分享。那麼，他也就不枉此生了。但隨之而來的是，自己會慢慢的覺悟到，這並非是終極的目的，在上帝的寶庫裡，還有更多深沉與甜蜜的祕密有待揭開。在屈從於某些身體本能所獲得的樂趣之後，就會覺得一股恐怖的陰影懸在頭上。因為，他那通往更為

渺遠與神聖真理感知的內在眼睛被蒙蔽了。最後，他就會相信，人們是應該按時休息與工作的，然後將自己的時間與精力投入到如何完美的將這種情感表現出來。在通往天國的大門豁然敞開之前，我們要盡量拓寬自己靈魂的深度，篤信藝術也只不過是讓人忠於自己的一種途徑罷了。

　　無論你是否有幸具有某種表達的特殊天賦，人們始終都應以一種藝術的眼光去看待自己的生活。我並不是說，每個人都應對人生的藝術面過分高估，或是把自己的個人情感置於那種無私的有益用途之上。我的意思是，一個人應注重感知的層次、行為的舉止、思想的層次、品行的優劣。人們不應被大眾輿論牽著鼻子走，人們的思想也不應由其所處的社會地位所決定。我們應對別人進行仔細的觀察，對別人的過人的常識、旺盛的精力、忠誠、友善、正直以及原創性予以欣賞，且不論這些特質是以多麼謙卑的形式表現出來的。人們應該與世俗陳規進行爭鬥，真心歡迎美好的事物，無論這是自然之美或是各行各業的人們所表現出來的真誠與純粹的人生。我經常聽到一些囿於常規的專業人士這樣說，他們認為對一些公爵或是公爵夫人出言不遜，這好像他們是在表達一種充滿男子氣概的獨立情感，彷彿那些身處高位之人就必定是喪失了簡樸或是真誠之人。這種態度是很無趣與讓人反感的。正如公爵也會認為，在洗衣婦的人之中，不可能存在有良好教養或是端莊的舉止。事實上，在那些穿著綾羅綢緞的達官貴人與那些布衣披身的洗衣婦之中，美德的閃光的機率是相差無幾的。我們唯一正確的態度就是在共同人性的基礎上，在人與人之間展開簡單與直接的

對話。只有在相互了解之後，人們就會在那些達官貴人之中發現那些具有簡樸、柔和、正直等美德，也會發現在他們之中也有許多墨守成規及自高自大的人；而當這些達官貴人能對洗衣婦有一個客觀的認識，也會發現在這些人之中，也會發現真誠、坦率與細膩等美德，同時也會同樣發現一些自大自滿以及囿於世故的洗衣婦。

當然，任何一種特殊的生活環境都可能讓人內在的缺點被放大。但我們敢確定一點，若是我們從一開始就沒有這個根性，環境也是很難產生作用的。比如，對那些同樣是不想遠遊的人來說，我在這裡只是舉一個小例。我認識一位淡泊名利、謙卑之人，而他是一位公爵；而我曾遇到最為自大與耿耿於懷的偽君子則是一位僕人。其實，這完全取決於我們自身的價值認知，一種分辨是否的鑑別力。貧富、高官或是低位，對人生的影響也只不過是對個人舒適感上。這是每個人都應認識的最基本的一課。富足與貧寒都不能帶來快樂，只有良好的身體及知足常樂的心態才能做到。

我在這裡疾呼的是需要某種藝術感覺，這種感覺應該要有目的與有意識的培養。若是某人是在世俗枷鎖的環境下成長的，要想擺脫世俗的枷鎖並非易事。但從我個人的經驗可知，單是一種對簡樸與真誠生活的渴求所產生的動力，就足以改變一些東西。

那些參與教育的所有人，無論是與一種直接或是間接的方式，無論是專業的教師還是普通的家長，他們都應認識到培養孩子對其所愛事物的一種藝術感，這是一種神聖的責任。他們

應讓所有人，無論是處於高位或是平民，都應以一種簡樸的態度、縝密的思考去想這個問題。他們應培養孩子勇於表達自己的想法，同時對別人的觀點也能予以尊重。他們應讓孩子不盲從別人，除非自己相信別人有足夠的理由。他們應讓孩子勇敢的避免那些惡毒的流言，而非對別人有趣的討論也退避三舍。若他們不知道該如何去做，只須對孩子進行循循善誘，正是這種心智的簡樸與平和的獨立力量，最好的幸福也就為期不遠了。最後，他們應在言行上踐行同情，允許不同的性格或是品味，不要嘗試按照自己的興趣去塑造孩子，而應鼓勵他們去發展屬於自己的性格。要真正做到這一點，需要智慧、技巧以及公平。但我們責無旁貸，必須要嘗試這樣做。

　　人們經常會感到自己的人生越活越沒勁，其中的一個原因就是我們不加分辨的接受了世俗的責任與所謂的操行標準，然後就盲從它。我們忽視了自己的興趣、熱情、生活之美。在我作為一名教育工作者的生涯裡，我可以坦誠的說，當我明白了這些道理之後，整個人都為之煥然一新。我認為對待學生以強迫、改正或是迫使等手段是錯誤的。當然，在特殊的情況下，還是必須要用一些強硬手段去執行的。但在獲得了與男孩子打交道的一些經驗智慧，我認識到，大方給予他們一個簡單的讚賞，大聲鼓勵以及坦誠相待，這比任何嚴格或是壓制等手段效果都要更好。我開始意識到，熱情與興趣是會傳染的，這可讓我們真心的去感悟一些即使自己並不感興趣的東西。當然在這個過程中，我也犯了不少錯誤。畢竟在教育領域中，人們所走的那條路的方向比在那條路上走的快慢更為重要。

　　我想自己的觀點已經偏離到教育領域了。但這只是說明運用藝術培養的方法是如何應用到一個與藝術無關的領域的例子而已。畢竟，以下這個原則是很清楚的：人生只要肯下一番工夫，就能變得更加美好。生活中真正的醜陋之處不在於境況，不在於有沒有好壞的運氣，不在於悲傷或是歡樂，不在於健康或是疾病，而在於我們對自身所有的閱歷都採取一種先入為主的態度。任何出自上帝之手的事物都具有我上面所說的性質。我們的任務就是要從偏見，錯誤的判斷以及苛刻、冷酷──這些人性中顯現的醜陋一面的枷鎖中掙脫出來。想像一下，一個人遭受到各種無情的疾病、無盡的恥辱與失敗折磨的情景吧。在耶穌基督的面前，誰能否認這樣的境遇就不能在生活中結出高貴與美麗的事物呢？這也是基督這一例子在世界上所遺留下的最高價值──祂的那種絕對完美的本能，祂與所有的人面對面的接觸，以一種絕對的坦誠，絕對的憐憫，無與倫比的洞察力。祂在無時無刻懷著悲憤與羞愧之情在疾呼，呼籲人類不要向自己低等欲望低頭，不要讓偏見、自滿等去製造不幸。祂包容弱者，從不憎恨任何人，出現在那些身心遭受重創的人面前，帶來上帝的光芒。若祂不去傳播上帝的旨意，祂就可獨自背負著尊嚴、耐心與信心。祂向世人證明了，沒有什麼是不能忍受的，人類的精神能以不可戰勝的簡樸之心，從容面對一切險阻，並且能以一種亙古長存之美去讚揚祂，證明這的確是沾滿神性的。

單元 08
淺論「自我中心主義」

某天，我有一次這樣的經歷，這雖讓我有點不安，但卻是有益身心的。這讓我從鏡中看到了自己生活及性格的影像。我想，每個人在他們的一生中，至少要有這樣一次了解自己的經歷。在某個走廊或是樓梯上，看到有一個人朝你快步走來，然後驚訝的發現有一個人正從鏡子的一邊走向你。而這個陌生人就是你自己。這是不久前發生在我身上的一次經歷。對於自己所見到的物像，我卻是高興不起來。

　　事實上，某天，我與一位脾氣有點暴躁的朋友在爭論某一個問題，他的脾氣突然莫名的飆升起來了。他對我說了一些私人的看法。剛開始，我還不明白其真正的含意，但我現在回過頭想起他的一些批評，覺得幾乎都是很中肯的，只是在批評的過程中夾雜著濃濃的火爆脾氣所散發的硝煙味道。

　　對於朋友說了些很激烈的話語，我感到很遺憾。因為站在一個熱情友善的朋友的角度來看，知道別人對自己沒有什麼好的評價，這絕不是一件讓人感到愉快的事情。但在某個方面上，我又感到很高興，因為他對我說了實話。可能除此之外，沒有其他途徑可以讓我認識到這些關於自己的真相了。若是這位朋友能語氣平和的說出他的想法，無疑他的話語就蒙上了一層「糖衣」，讓人聽起來不會那麼的刺耳。

　　在這裡，我不會詳細的記述朋友對我的批判。但他對我定的「罪名」是犯了「自我中心主義」。而「自我中心主義」又是人們經常犯的錯誤，特別是對於那些獨身或是未婚者而言，更是如此。在下文，我會就如何糾正這種缺點談一下自己的幾點思考，即使不能讓人們接受，也希望能從中有所吸取。

　　我以為，那些以自我主義為中心的人，認為整個世界都是他的陪襯。而與這種人形成鮮明對比的另一種人，則常常認為自己只不過是人類這個龐大系統中一個小小的單位而已。自我中心者的一個很明顯的特點就是把自己看得過於重要；而與此形成對比的人所犯的錯誤就是不能充分認識到自己的重要性。自我中心者往往是那些個性鮮明，有強烈的追求、敏銳的洞察力以及廣泛的興趣的人，他們那急盼的性情讓其為了按照自己的理想而孜孜不倦的建構自己的人生。正是這些人往往向別人伸出援助之手，也是人類不斷向前進步的希望所在。那些溫順、謙恭及覥腆之人，他們往往接受固有的現實，走老路，很容易被別人的話語說服。他們時時小心謹慎，同時也易於屈服，不敢有所突破。我想不用說，這種人往往會走那條阻力最小的路子，他們甚至比不上牆上的磚頭或是溪流的流水那麼具有主動性。下面的一些思量是給予那些有一定才華、強烈衝動、堅定信念以及有執著追求的人。我也試著給這類人實踐自律的一些建議。這樣，他們也許就可認清自己或是將此適用於自身的性格。

　　首先要談的一點是智力領域的自我主義。我之前也說過，這類人的問題在於他們對別人缺乏憐憫、包容。要解決這一點，首先就必須拋棄可稱為「狹隘的宗派主義精神」。我們要認識到，絕對的真理絕不是任何信仰、學校乃至國家的有益財產。人類的整個歷史進程帶給我們血的教訓就是，這樣做絕對會帶來危害的。古代與當代的一個很大的區別就在於科學精神的滋長，證據所具有的意義及價值被提升。世界上很多看上去

既定的事實，譬如，2 ＋ 2 ＝ 4，而不能等於 5。當然，按照表達的規則，我們不能說 2 ＋ 2 產生 5，而是等於 4，而 2 ＋ 2 之和為 4，這只是描述相同現象的不同的表達方式而已。而其他許多事情就沒有像這個例子那麼的肯定了。比如，在實際生活中，許多事情就是如此。若某人有兩萬英鎊在委託人手上，委託人的責任就是按時給他一些利息，那麼他就可名正言順的花費一部分收入。但他不敢肯定，任何時刻這筆錢都完整無缺的在那裡。因為委託人可能攜款潛逃，而他可能還不知道呢。自我主義的一個缺點就是，他們把科學上的一些「定論」看成唯一的定論。而他們要邁向寬容大度的第一步則是要放下這些成見。他要明白，一位達觀者首先不能在臆想中猜測，而是認清別人所稱之為「實踐定論」—— 換句話說，這可以證明「實踐行為」的保證 —— 無論他的觀點的層面是高是低。對於那些過於活潑好動之人，他們要做的第一點是要堅決扼制煩躁的傾向，要認識到可能在他眼中是不合邏輯的觀點，在別人看來則是正確的。他的任務並非要去指責別人認為是正確的東西，而是要界定並限制自己的想法。我們可以透過站在別人的立場上，很有智慧的表達同情與理解。我們必須要堅決抵抗與別人在見解上產生爭論的誘惑。爭論只能增強對手對自己觀點的固守。我可以很坦誠的說，我從沒見過一個智力超群之人是會在爭論中改變自己的主意的。我想，所有人都應把對別人的不同觀點做一個合理客觀的評價，這是我們的一個責任。我們應嘗試去了解別人，而不應去說服別人。

　　到此為止，我已經談論了智力層面上的「自我中心主義」。

我想稍微總結一下：每一位有思想的人或是想在智力領域上避免自我主義的人，他們都有責任培養稱之為「科學精神」或是「懷疑精神」去權衡證據，而不要無憑無據的形成自己的觀點。這樣就可最大限度的避免了自我主義的害處。因為自我主義是一種「惟其荒謬，所以我信」[29] 的思維怪象。因此，哲學家在看待事物的時候，不應將任何事情都視為理所當然，應該時刻準備在真理面前放棄個人的選擇。在智力領域上與別人進行交流，我們的目標不能是去說服別人，而應讓人們說出他們的觀點。我們要明白一點，若是某人不自願改變其觀點，世上沒有第二個人能做到這一點。因此，我們在執行的時候，不應去攻擊別人得出的結論，而是應耐心的去尋找其結論所依附的證據。

在智力領域上猶豫踟躕太久，這也是很危險的。另一種精神領域可以稱為審美領域或是神祕領域。接下來講一下審美領域中的「自我中心主義」。哲學家的職責從一開始就要認識到，從根本上來講，對美的感受是屬於個人的事情。而那些所謂的「高級」品味的標準也是時時在變化的。在這一領域中，教條主義的危害甚鉅。因為，當一個人沉浸於某種讓他心馳神往的美感之中，他可能就會認為世上除了自己感受到的這種感覺之外，再也沒有其他了。那些希望避免在此領域犯下自我中心主義的人應努力認清正確的觀念，並且在任何情況下都要堅持執行。他們要認識到世上有一半的美或是一半以上都是歲月滄桑、虛無渺遠以及宏大規模所帶來的美感。在審美領域中，人

---

29 原文是拉丁文：Credo quia credo。

們往往會去嘲笑或是蔑視那些剛剛「過時」的「藝術」。舉一個簡單的例子來說吧。在維多利亞早期，人們的裝潢風格看不上安妮女王時期的古板與簡樸的裝飾，而大眾也普遍認可這種華麗的洛可可式的維多利亞早期的藝術。一個時代過去了，維多利亞早期的藝術品被無情的拋棄，而安妮女王時期的藝術品則重新占據人們心中的地位。而時至現在，種種跡象顯示許多維多利亞早期的藝術品的鑑賞家對此也是持越來越寬容的態度。事實上，兩者間都不存在時人所認為的那種絕世之美。我們要關心的是藝術的進步與發展，而最為危險與頹廢的狀態就是要回到之前的一個時代，而不是創造出屬於我們當代的風格。那些想要避免在審美領域中犯自我主義的人不應該對藝術品定下好壞的區別，而是要認識到自己要有一種堅定的認識，並且在他感知之時，堅定的執行就可以了。對他而言，盡可能生動的描述其對美最真切、最敏銳的感知。真正有價值的美就是被人以坦誠眼光去審視的美。這其中的祕密在於放下心中的戒律，不妄下評論，對別人指指點點。要知道，爭論的勝利總是站在那些讚賞之人的一邊，而不是批評之人的一邊。而欣賞別人的能力勝於任何鄙視別人的能力。

現在，我們要談談第三種，也是最難以捉摸的一種，我將之稱為神祕領域。在某種程度上，這有點類似於審美領域，因為其組成部分源於對事物在倫理道德上的審美。而那些個性活潑好動之人最易犯的錯誤就是讓其個人偏好成為其指引，看不起別人的品質或是優點，抑或是思想方式等。這時，他所要做的其實就很明顯了，那就是要堅決的迴避對別人的這些批評態

度；避免嘗試去解開金錢、高貴、純潔、力量以及堅強的關聯；對這些性格或是觀點的追溯不能只是滿足我們的好奇心與膚淺的追求。達觀者並不與那些志趣不投的人打交道，因為這種行為是在浪費自己的時間與精力。但誰也無法避免與那些不同性格的人交往。而此時，哲學家的任務就是要去了解他們，真誠的與他們展開交往，而不要誇大雙方的分歧點。例如，若是某位哲學家走進一群只是喜歡談論汽車術語之人或是發生在高爾夫商店的事情 —— 我之所以選擇這些談話內容，因為對我來說，這些話題是最無趣的 —— 他並不需要跟著去談論高爾夫或是汽車，他也不需要只是談論自己感興趣的話題。但他要嘗試去找到雙方的共同領域。這樣，他在與高爾夫球手或是汽車專業人士交談時，雙方都不會感到無趣了。

也許，有人認為我已經偏離了神祕領域，但實際上我並沒有。因為人與人之間的關係，在我看來就是屬於這個領域的。對某種氣質產生的一股莫名的親切或是厭惡，難以言表卻又無法去否認的事物被我們稱之為「魅力」，性格的吸引或是反感 —— 所有這些都是屬於精神神祕領域的範疇。直覺與本能所屬的領域要比智力或是審美領域都更為強大、更為重要與更為普遍。更進一步，有一種最為深切的直覺，就是人類精神與造物者原始動因的關係。無論這種關係的直接性是否取決於每個人的自身經驗。但也許有兩件事是每個人都絕對會感知到的，那就是他對自己的認同以及對存在於身外一股控制萬物的力量的感知。這就存在一個最嚴重的問題：每個人都應該控制自己的偏好，限制或是界定對發源於他的那種感知到的力量。最為

神祕的在於信念，這無疑的植根於人類的精神之中，也許這也是一種可以分辨上帝的種種衝動的本能。我相信，衝動的本能是發源於上帝，而衝動則是源於自身。無可爭辯的一點是，多數人類都有遵循仁慈、無私高尚的衝動，彷彿是在遵循上帝的旨意，但是向殘暴、感官、低等的衝動屈服則是與造物者的意志相悖的。對於這種直覺，許多人都是深信不疑的，儘管沒有科學上的證明。事實上，儘管我們相信上帝的意志是站在善的一面，但他設置了許多障礙或是允許重重障礙的存在，鋪在那些想行善之人的路上，這一點也是毋庸置疑的。

我以為，在第三種領域中，我們提高勝算的唯一方法就是要有一種平和與虔誠的服從。當上帝為我們帶來歡樂、平和時，當祂讓我變得勇敢、目光遠大與公平時，服從上帝的意志並非難事。而困難之時就是當祂讓我們經歷磨難、疾病、痛苦時，或是當祂讓我深感罪孽深重，甚至沒有給我反抗的能力時，要我們去服從祂的意志就顯得困難重重了。但我們必須要忍耐，必須要去了解痛苦所具有的價值、失敗的真正含義、落魄的重要性。也許，我們也可以將之當成是另一種「披著羊皮的狼」的自我中心主義的誘惑，讓我們去認識到自己也只是上帝廣博心靈中的一部分。若是我們不這樣做，就只會把自己當作上帝的偏心或是忽視的犧牲品，這真的是一件讓人絕望的事情。

如果自知之明也算是自我主義的話，那麼在某種程度上，我們還是要變得自我中心主義的。我們必須要審視自己的能力，全力的發揮它。但在上帝的威嚴之下，在整個宇宙浩渺與

深遠的構造過程之中，我們不得不深感謙卑。同時，我們也要相信，在那錯綜複雜的感覺、誘惑、不幸或是失敗之中，我們必須抬起謙卑的眼神，忠實的做到最好的自己，希望自己能成為有價值之人。我們絕不能自滿，而要謙虛且勤勉。

　　我認為，在對上帝無條件順從這一方面，我們做的還是很不夠的。事實上，當我們把自己的意願盡可能與上帝的意志相和諧時，就會驚訝的發現，這可以重燃自己內心的寧靜。

　　不久前，在早春料峭的一天，我獨自一人在田野與村莊之間漫步。當時，自己的心緒與思維還是有點神經質，心中的焦慮感無從傾吐。果園裡盛開著白色的花朵，樹籬上的一枝紅花「出牆來」。在一段短暫而愉快的休假之後，我又重返工作之中，一想到工作就要帶來煩人的心緒，心中隱約有一股壓抑之感。我走進了一座大門敞開的小教堂，陽光灑了進來。教堂裡裝飾著數目繁多的鮮花。若當時自己心情不錯的話，這一定是一個甜美的地方，充滿了寧靜與美好的神祕之感。但於我而言，這卻是靜寂無聲的。我心中因為自己所念之人乖戾的行為而感到煩惱。突然，心靈中一股濃烈仁慈的思想讓我沉浸於上帝的心靈之中，我不再掩飾自己的柔弱與憂愁，不再祈求自己的擔子能輕點，而想最充分的承受上帝意志的安排。

　　此時，我找到了自己為之苦尋的力量。雖然包袱的重量沒有減輕，但心中升騰起一股更為深沉的靜謐，一股讓我為之忠誠的忍受的願望。花朵的芳香夾雜在一起，好似我的誓言所散發出來的一股幽香。古老的城牆低語訴說耐心與希望。我無從追尋讓我心靈為之平靜下來的平和心態來自何處，但看來並非

源於自身那煩憂的心情之中。

　　畢竟，奇妙的是在這個神祕的世界裡，身外的事物沒有太多的自我主義，而是少之又少。想像在一個狹小的空間，一個裝著骨頭與皮膚的小籠子，這就是我們精神局囿的地方，就如一隻在拍著翅膀的小鳥無從自由翱翔。讓我覺得震驚的是，許多思想並非給予自己，而是獻給了他們的工作、朋友與家庭。

　　事實上，治療自我主義最簡單、最為實用的方法就是堅決壓制自己之前想要公開的想法。我們最好將這看成一種美德，而不要視為一種宗教原則去遵守。人們不想讓別人變得冷漠。所有人都不想他們感受到的興趣與憐憫是受枷鎖限制的，只是能在一個小的範圍裡來回躊躇。他不想讓別人壓制其個性，而是想把自己與別人好好的對比一下，而不是把某種個性作為他的標準。有可能的話，讓自己變得大度與廣交朋友。若是做不到的話，至少要盡可能有意識的這樣做。這就是朝著正確的方向前進。我們可迫使自己對別人的一些品味或是愛好產生興趣；我們可以就此發問，建立起雙方的關係。我們都可用來提升的一條方法就是讓自己去做之前怯於去做的事情。許多人在結婚之後，就會以一種自我關懷的方式去做。他們以自我主義的理由結婚，在婚姻的「圍城」裡，互相愛慕，在他們有了成為父母的體驗之後，這可給他們所需的刺激。但即使是最無助的獨身者，都可以與別人建立起某種關係，擴大與別人的交流。畢竟，自我主義的形成與持某一個堅定觀點的關係並不大，甚至是與我們追尋目標的意圖也關係不大。狗是所有動物中最具人性的，而且時時追隨著主人，但卻是最沒有「自我中

心主義」的，而且也是最富有同情心的動物之一。自我中心主義經常寄居於一種驕傲的索居之中，以及對別人的觀點及目標皆蔑視的一類人中。一般來說，最成功的人都不是那些自我中心主義最嚴重的。我所知道的最為「死忠」的一位自我中心主義者是位未成氣候的文人，他總是對自己那半生不熟的作品的重要性有著讓人可悲的堅信，沒有哪種反對或是別人的冷漠能動搖它。但同時，他對別的作家的作品則是惡語相向。有時，我覺得他的這種情形應歸於一種心理疾病的範疇。因為他對除了自己的作品之外的其他所有作品都一概不留情面的批評。醫生可能會說，這位「無可救藥」的自我中心主義者實在是近乎精神錯亂。但在一般情況下，一點小的常識及禮貌就可壓制這種表達的衝動。如果人們認識到形成一個固定的觀點是世上最廉價的奢侈的話，那麼不留情面的將其表達出來所要付出的代價則是最為昂貴的。也許，最難治癒的一種自我中心主義，是那種融合了恭敬的禮儀，在表面上展現出對別人憐憫的自我主義情緒。因為這種類型的自我主義者幾乎不會遇到讓其認識到自己缺點的情形。這樣的人若具有一定的天賦，通常能獲得非凡的成就，因為他們以堅持不懈的態度去追求理想，並且在不打擾別人的情況下，很有技巧的去實現自己的目標。他們忍受在常人眼中的無聊時間，他們的思想周到與縝密，從不將自己的觀點強加於人，他們精力旺盛。若是他們失敗，也不會在悲傷之中打轉，只會擦乾灑下來的牛奶，然後就不再糾纏於此了。在某處受到了阻滯，他們就會靜靜的繞道而行，然後繼續其追求的過程。他們心中只是想著自己的事情，從不考慮別人

的事務，即使他們慷慨的衝動都要精心的營造出一種藝術效果。很難讓這種人相信世上存在著公正與無私的美德。但他們與那些性格溫順之人一道來到這個世界，而他們的成功看來也是上帝所認可的一個象徵吧！

但除了成就平平之人所要採取的明確步驟之外，在治療自我主義中，對所有的缺點療效最佳的，就是一種想要與眾不同的謙卑願望，這是世界上最具改變的力量。我們可能失敗一千次，但只要我們對自身的失敗感到可恥，只要我們不絕望的聽天由命，只要我們不去嘗試展示其他的美德來安慰自己，我們就仍然走在朝聖之路上。所有的錯誤都是無關緊要的。今天，我看到一群孩子在玩耍，一個讓人稍稍覺得討厭的孩子，他是整群孩子中最為笨拙與最沒能力的。在全部的時間裡，就是他一人爬上一個階梯，然後就從階梯上跳下來。他懇求其他的孩子都過來看看他的表演。其他的孩子跳得比他遠兩倍之上。但孩子們還是如天使般的具有耐心與同情這位「可憐」的孩子。在我看來，看到許多人在生活中都做著類似的炫耀，真的不禁感到一股悲哀。那位小孩沒有顧及別的孩子的感受，他只是重複那可笑的表演，然後就想獲得別人的讚賞。我的心中想起一首很適合描述這個場景的詩歌，奇妙的是，這首詩是出自一位「資深」的自我中心主義者 —— 考文垂・巴特莫爾 [30]，他在詩歌中是這樣禱告的：

---

30 考文垂・巴特莫爾（Coventry Kersey Dighton Patmore，西元 1823 ～ 1896 年），英國詩人、評論家。代表作：《屋中天使》等。

「啊！何時我們才能安躺
於死亡之中，沒有煩憂。
你記得我們尋求的歡樂
所用的各種玩具。
我們對你那些神聖與美好的認識
是多麼的淺薄啊！
然後，你以仁慈的手，
用泥土塑成了我。
你留下一串花圈，然後說：
「真為他們的幼稚感到可憐。」

　　行文至此，我們要結束這個話題了。若我們能忠誠的為之奮鬥，若我們能試著改變自己與鼓勵別人，若我們能做到這一切，就可達到一個原先看上去不可能的境界。但當我們迷惑時，就像小孩拿著一團難以解開的繩線或是把一個摔壞的玩具傻傻的拿到保姆面前。我們不能再像往常那樣拋開存在的問題或是迷惑，將之放在上帝的膝下。我要說，我們一定不能這樣做。因為，我實在想不出比上面所說的更為有效與簡單的方法了。

單元 09
論「老之將至」

當我孑然一人從河邊散步歸來之時，太陽的餘暉在榆樹與城垛上熠熠閃耀著。一股厚密的炊煙從高高豎著的煙囪之上升騰而出，在金黃色的霞光中漸淡為縷縷藍煙。人們的遊戲娛樂剛剛結束，一大群穿著長外套的觀眾似洪流般的魚貫奔向城鎮，人群中夾雜有不少衣著色彩斑駁且滿身泥濘的運動健將。大半個下午，我都在河岸邊溜達，靜靜看著河面上來來往往的賽艇，聽著舵手們震耳欲聾的吶喊，槳櫓有節奏的划動著，拍在水面上的水花四濺，槳架不時發出與渡船劇烈摩擦時的「嘎嘎」聲響。二十五年前，我作為一個槳手就在這其中的某條賽艇上，現在我可不想重溫過去那一幕。自己也不知道個中原因，為什麼當年自己被滿腔熱情沖昏頭腦，居然同意成為其中的一員，將能量釋放在一個錯誤的地方。我不是一位優秀的槳手，也從沒到過這個級別。對於自己的表現，我是從不心存幻想，有時，哪怕是在短暫的自滿自得之時，也會被岸邊那挑剔的觀眾嚴厲批評，這種想法就立刻消失得無影無蹤。當我們休息片刻之時，既會聽到別人的讚賞，也會聽到批評之聲。雖然我沒有想要重複這一經歷的願望，也不想喚起當時自己一想來就覺得難以忍受的勞累，身處於雀躍的觀眾之間，我略感到淡淡的感傷，因為我已經失去了某些東西 —— 失去了身體的意氣與彈性，也許還包括精神層面的某些東西吧！不過當時我並沒有察覺到這些。現在我發覺自己年輕時的確是身強體壯，精力充沛，當我看到這些身形矯健的年輕人露著脖子捲起褲管，有節奏的用槳向前划時，我的內心泛起了羨慕與憧憬之情。我看到一位身手敏捷的運動員用肩膀扛著船，從水邊步伐穩健的

走向船庫，把這些船緊緊的停靠在一起 —— 在這一過程中，船與地面沙子的摩擦發出刺耳的響聲；我看到兩個年輕運動員在划槳練習之後，在河邊跳著毫無節奏感可言的即興舞蹈；我看到運動員與教練們之間的交流 —— 一個四肢發達的年輕人興高采烈的啜飲著一杯來之不易的清茶，我希望此時的他內心沒有一絲的憂愁或是煩惱，在享受著一個愉快的晚上。「喔，瓊斯三人組，史密斯無敵！」我自言自語的說，「tua si bona noris !³¹」年輕人，好好珍惜時光吧！在你們去辦公室、四方室或是鄉村牧區工作之前，珍惜吧！希望你們過上富於道德的生活，結交誠實的朋友，多讀點好書，收集多些善意的回憶 —— 一間火光融融的古樸院子，一場酣暢淋漓的對話，盡情開懷的節日的喜慶，清晨涼颯颯的空氣多麼的怡人；太陽初照於小鳥睜開的眼眸時，閃耀的斑斕的色彩；刀叉碰撞出的叮噹聲是多麼的清脆啊！燒烤羊肉的香味是多麼的濃烈，以至於飄到了大學禮堂的黑色屋頂。但這些光陰是短暫易逝的，你們的學子年華是短暫的，千萬不要忘記作為年輕人應有的通情達理及良好的幽默感。

薩克萊（Thackeray）有一首輕快愉悅的民謠是他在四十歲的時候創作的。他這樣說：「我的確是在等待 —— 有時我會射偏目標 —— 而在今天，眼皮底下所有匆匆易逝的人生與往常無異，仍懷著同樣的漫不經心與嬉戲打鬧，這不禁讓我反思。俯拾過往的記憶的片片碎片，看看自己是否悵然若失，是否墜落深淵或是有所遺留 —— 一些力量還是在殘留。」

---

31 拉丁文。

我個人認為，一個人在老之將至之時，應該以一種恬淡與適宜的方式去生活，應對自己以往的人生時光心滿意足。人生的追求也應順其自然的發生轉變，而不是滿懷悔恨的淚水依依不捨的離開，在人生舞臺謝幕之時，不應大聲抗議，絕望的抓住門欄或是扶手不願離開。他應該面帶微笑，邁著從容的步伐緩緩離開。當然說起來容易，做起來該多難啊！當某人第一次意識到自己並不適合在足球場上競技之時，失落之感可想而知；當他失去了年輕時那敏捷的身手，無法勝任後衛防守的職責，或是當跳舞成為相對劇烈運動而顯得不得體之時，當他在晚餐之後必須要睡上一會，才有精力去散步，或是在消化不良不能大飽一頓之時，此上種種，怎不叫人感嘆物是人非，白駒過隙，日月穿梭。但這都是每人必經的，我們最好對之付諸一笑，而不是憂心忡忡，惶惶不可終日。一個老人若是沒有能力斬斷對自己年輕時期那強壯體魄的幻想，而是還想在這些方面獲得別人熱烈的誇耀，這實在是既可笑又荒唐。我們可以聽到年輕人談論著一些與我年齡相仿「不服老」的人，或是看到一些老人將自己的意志觀點、快樂強加於人，這對我而言實在是上了關於反對留戀青春的生動一課。人是可以在不失尊嚴的情況下，為別人帶來歡樂的。偶爾參加一些活動，以符合老年人心境的方式，而不要試著去掩蓋自己行動的遲鈍。這才是我們需要為之努力的。也許最為簡便的方法就是讓自己「降格」為一名真實的觀眾，為那些自己無法參與的遊戲給予真心的喝彩，讚賞自己已經沒有的敏捷身手。

　　那麼，在失去身體的優勢之後，到底有什麼東西可彌補的

呢？我敢肯定的說，有很多好的東西哩！首先，我們不會再重蹈年輕人所歷經的痛苦——一種缺乏自知之明的痛苦。此時，我們可以看到，當年那些純淨、柔和的心是如何被自己笨拙的舉動、不可名狀的羞澀及無話可說的自我掙扎所破壞。更為讓人心碎的是，自己曾以錯誤的方式說出錯誤的話語為心靈帶來了創傷。不可否認，很多這些以往經歷的痛苦都被嚴重的誇大了。比如，某人走進教堂，忘記了摘掉草帽，脫下身上穿的外衣，他可能就會感到在接下來幾天時間，牆上彷彿都寫著言辭激烈的話語。在自己年輕時，我是一位篤實的談話主義者。在那些年少輕狂的歲月裡，覺得自己無所不能，認為自己的觀點比那些賣弄學問與滿腦子都是成見的「老先生」們的正確幾百倍。當與這些「食古不化」的人聚會時，在我剛想出一句適宜的話時，他們的寒暄已告結束。所以，我要麼緘默不語，或是遲到的讓人絕望，抑或是從以往經驗中擷取一些高度概括的話語來搪塞；有時，一些冷漠無情的老一輩人會以宏亮的聲音、輕蔑的語氣對我所說的話加以糾正，這真是一幅讓人心碎的情景。在這些會面結束的時候，我被他們當成一位煩人且毫無經驗的年輕人，對我也是冷眼相看。我知道自己內心洶湧的活力與愉悅，但我卻發覺自己很難說服這些老一輩人——即使自己的確是有這些能力的。有時，一位性情溫和的長輩朋友還會利用我的羞澀，說這完全是我自己想得太多的緣故。若是某人患有牙疾，那你告訴他這只是他的「自我吸收」讓他受苦，類似這樣的話無疑是廢話。毋庸置疑，年輕人是很

容易受到這種「自我意識」疾病的困擾。瑪麗・巴什基爾采夫 [32] 在她那坦露心跡的日記中曾記述過一個去拜訪一位崇拜她的人的故事，她說當走到那個門檻的時候，她不禁深深呼吸，祈禱一下：「上帝啊，讓我的容貌好看點吧！」可見，一個人是多麼想讓別人留下良好的印象，讓別人欣賞自己！

而現在，當時所有不安的焦躁已離我一去不返了。對於要讓別人留下深刻印象，我也不再抱有以往那麼強烈的幻想了。當然，每個人都想讓自己在別人面前顯示自己的活力與朝氣。年少之時，我時常陷入一種希望為人帶來歡樂或是某種興趣，從而被人欣賞的怪象；而現在，我則會懷著謙卑的願望，以求得到別人的這些禮待。在很大程度上，我覺得自己擺脫了自負與自以為是的態度，讓自己變得更為自然，也逐漸發現別人越發可愛了。自己從沒想過駕駛「超速軍艦」與年輕人一起探險或是「遠征」，而是更加願意懷著謙卑的心，划著小船，與別人展開一次友好、坦率之旅。我不再想去壓制別人，而是去寬容。我勇於表達自己心中真實的想法，不懼別人的反對，同時也意識到自己的觀點也只不過是芸芸眾生中的一個而已，還需要時刻準備進行改正。年少之時，我希望得到別人的認同；而現在，不同的觀點讓我倍感有趣。年少之時，我總是試圖去說服別人，但現在我真心感激那些指出我錯誤與愚昧的人，不再害怕說自己對某個學科一無所知了；年少之時，我總是假惺惺

---

32 瑪麗・巴什基爾采夫（Marie Bashkirtseff，西元 1860 ～ 1884 年）。烏克蘭日記作家、畫家、雕塑家。文學代表作：《瑪麗・巴什基爾采夫日記》等；畫作代表作：《雨傘》、《春天》、《工作室》、《見面》等。

的扮成無所不知，在被別人「馴服」之時，還是滿肚子憤懣。現在回想起來，當時的自己真是個喜歡搗蛋的「問題少年」，但我希望當時的自己在別人眼裡不會顯得那麼離經叛道。

　　老之將至的另一大裨益在於不斷放下自己對一些常規的霸道與專橫。從前，我希望自己可以做正確的事情，認識正直的人，投入有益身心的運動。我並沒有考慮到這是否是以犧牲自己的利益為代價。當時只是覺得，「跟隨主流」是很重要的。後來自己逐漸發現，別人對自己的所作所為其實並不像自己想像中那麼在意。而正直之人往往是那些讓人感到厭煩與保守的。唯一值得我們去參與的遊戲就是我們自己喜歡的遊戲，以往，我忍受著坐在空氣不暢的房子參與談話；明知自己不會射擊，依然接受別人的邀請；有時還會去湊熱鬧，與別人去跳舞。我所做的這些原因都很簡單：因為別人也參加。當然，有時在很多時候，人是身不由己的。但我發現一條重要原則：那就是做別人眼中有趣與喜歡的而在自己心中討厭的事情，這實在是大錯特錯的行為。現在，若有人要我待在一間沉悶屋子裡談話，我會斷然拒絕。我拒絕參加自己不喜歡的花園聚會、公共晚餐及舞會的邀請，因為我清楚的知道這並不會為自己帶來絲毫的樂趣。當然，有時人也是需要一些活動去填充空閒無聊的時間，作為基督徒或是一位紳士，我們有責任以優雅的方式去做好這一點。現在，我不會被自己那不足為道的偏見蒙蔽雙眼。年少之時，若是我不喜歡某人的絡腮鬍子的剃法或是別人衣服的款式，或是稍微認為別人舉止粗魯唐突，抑或對自己所感興趣的東西不感興趣，我即時就會把別人看低，也就沒有心思做

進一步交流的打算。

　　現在，我明白了這些都是很膚淺的。一顆善良的心與幽默的個性並不與奇形怪狀的靴子或是羊排似的絡腮鬍子掛鉤。實際上，我反而會認為別人的古怪脾氣與不同的觀點是非常有價值的。現在別人表現出來的笨拙，我一般都會認為這只是雙方還不熟悉所造成的拘謹而已，當彼此熟悉之後就會自然消失。可以說，現在我交友的標準降低了，變得更為包容。當然我必須坦白一點，自己也並非對什麼事情都忍氣吞聲。我所指的不寬容是針對人的內在而非其外表。直至現在，我仍在時時對那些嘮叨成性、傲慢與睥睨別人的這類人敬而遠之。但若是必須與他們在一起，我也學會了保持緘默。某天，我去一個鄉村屋子參加聚會。一位年老但卻讓人討厭的將軍一下子就確立了談話的主題「叛變」。他口若懸河的談論著當年自己作為一位年輕的副官英勇戰鬥的情形。當時我就敢確定，這位老將軍是在說些最為荒誕不經的虛假言論，但我沒有理由去反駁他。坐在將軍旁邊的是一位謙恭有禮同時面帶倦容的老紳士，他十指交叉的坐著，間或微笑或是點頭示意。半個小時後，我們點上了蠟燭，將軍則獨自上床睡覺去了，留下一大群正打著哈欠的無精打采的人。老紳士走到我面前，手中拿著一根蠟燭，他的頭望著將軍離去的背影，緩緩的說：「這位可憐的將軍啊！他可知自己在胡說八道啊！我無意去反駁他什麼，但我的確知道當時關於戰爭的一些內幕，因為當時我是戰爭部長的私人祕書。」

　　這才是我們應有的正確態度。我想，在這位有著紳士風度

的哲學家身上，我得到了一個教訓：那就是如果某位自大高傲的人所講的主題恰好是我有所了解的，我一定要保持緘默的態度。

　　老之將至的另一益處是雖然我們不再像年輕時那麼具有強烈的意念、敏銳的見解、悸動的戰慄，但是我們的心智卻不像年輕時那麼容易毫無徵兆的陷入困悶與絕望之中。我以為，人生並非總是歡天喜地的，但它必定是富於趣味的。年少之時，對於許多事情，我都不放在心上。當時我只是一心撲在詩歌與藝術上，在那時我覺得歷史是枯燥無味的，科學是無聊透頂的，而政治則是難以為繼的。幸運的是現在自己的想法全然改觀了。年輕時的光陰為我的人生叩開了許多扇大門。有時，不經意間一扇通往神奇迷幻的大門敞開了，那裡有讓人為之迷醉的浩渺森林，肅靜莊重的大街，還有躺伏的離離青草。有時，這扇敞開的大門通往一些枯燥無味的地方，一座光線昏暗的工廠與廠房，還有工廠上方閃爍著的燈火，在那裡人們整天忙碌於讓人難以忍受的工作，如輪子般機械的運作，而這種工作彷彿深不見底。有時，這扇敞開的大門指向一個單調與讓人憂傷的地方，滿眼是布滿碎石的山丘，蔓延天邊的沙堆。最為可怖的是，有時這扇敞開的大門指引通往充斥著苦難、哀怨及絕望哀嚎的淵藪，恐懼與罪惡的陰翳難以揮去。一想到這些，我的內心就有一股難以名狀的懼怕，無從呻吟。但這些被詛咒過的地方會盤桓在我的腦際長達數天，這些奇幻、離奇的臆測，如洶湧的洪水向我襲來。今日的世界與自己孩童時對世界本來的想法是多麼的迥異啊！這又是一個多麼古怪、美麗而又恐怖的

世界啊！人生的旅程在繼續，沿途的美景也在漸次鋪展，而一種沉澱與幽靜之美就會自動彰顯。年少之時，我醉心於那些古怪的、所謂深刻或是攝魂的美，追尋那些震撼人心與感人垂淚的作品。這些美就好似輕輕浮在冬季剛剛被雨雪滌過、略帶色彩的山嵐之上；夏季那斑駁的綠葉及棕色的樹幹，現在都已繁錦盡脫，卻又顯得如此的質樸無華，如此純潔。年少之時，我希望靈感的迸發，瞬間熱情與強烈情感的爆發。而現在，我則希望擁有一種理智之愛，沉靜的反思。在一個清涼的世界裡，即使不能隨意休息，也可懷著舒坦的心情踏上旅途，胸中裝著人生的種種閱歷，懷抱著微茫的希望。對於世界、自然、世人，我是越來越無求了。

抬頭看吧！一股微妙與柔和的情感清明可見，如同遠處黛藍色的山嵐，這是多麼的潔淨與純粹。整個世界在不息的運行，不論過去還是現在，剎那間變得如此通透與明晰。我看到了超乎政治與憲法爭論問題之外的人性之光。這種強有力而又看似簡單的力量如一道平緩流淌的河水，不時泛起人性的泡沫與浪花。倘若在年少之時，我相信人性及其影響是足以改變或重塑世界的話，那麼現在我發覺人性最堅強與最激烈的形式表現在以下這些情形：在失事的船隻上，斷裂的樹枝上，沾滿鮮血在地上匍匐爬行的人口中那咬斷的青草根。這些人背後有一種雖黯淡卻難以抵擋的力量驅使著他們勇敢向前，讓他們在洪水氾濫之時，身先士卒。很多平常在我們眼中看上去無聊或是一些不證自明的枯燥公理，抑或一些讓人覺得平常無奇的常識，其實都是人類在經過不懈努力與付出極大汗水之後所總結

出來的重要成果。但是，其中許多具體的細節及與人類的關係都被許多年輕人以某個學科之名，懷揣著某種傲慢的偏見忽略了。之後，他們才會慢慢的領悟其中蘊涵的重大意義。我無法追溯自己這一轉變的具體細節，但我能感受到這個世界的充盈、所散發的能量以及那帶給人無與倫比的驚奇。之前在我眼裡看似無聊透頂的抽象理論，現在則閃熠著人類思想的光輝。

　　也許，老之將至最大的一個得益就是獲得某種耐心。年少之時，犯下的錯誤看上去是難以彌補、不可原諒的；有時又覺得理想只是在咫尺之遙的事情，而失望則是難以忍受的。這種憂慮就像難以穿透的黑雲一樣蔭蔽著大地，失望的「毒藥」浸漬著本該充滿生機的青春。但現在我明白，錯誤是可以改正的，而隨之而來的焦慮也一掃而空。有時反而覺得，犯下的錯誤會得到一種類似補償的快樂。而實現的目標則並非想像中那麼讓人開懷。失望本身往往是催發你再次嘗試的動力。我漸漸認識到自己的缺點，但並不糾纏於此。我明白了希望的曙光比悲傷的痛楚更加不可征服。因此，這讓我認識到，即使在逆境中，在看似一事無成或是痛苦的經歷中，人其實還是可以收穫比想像中更多的東西，這是千真萬確的。這也許不是一種激昂或是易水離別時那讓血液沸騰般的精神，但卻是一種更為沉著、更為有趣與快樂的精神面貌。

　　所以，正如魯賓遜‧克盧索[33]孑身一人被困在孤島上，仍可在此等極端惡劣的生存情形下獲得對生活的一種平衡感。我

---

33 魯賓遜‧克盧索（Robinson Crusoe），英國作家笛福小說《魯賓遜漂流記》的主角。講述他流落荒島，絕處逢生的故事。

個人傾向於認為，人性中善良的成分是占多數的，雖然有一些根深蒂固的人性本能是難以根除的 —— 比如人既想吃下蛋糕，又想同時擁有它 —— 這種本性不是單憑一些道德說教就可以拔除的。或是某個人既想在中年時期有所成就，但又不想揮別青春的萌動。某位著名作家曾說過：老之將至的一個悲劇在於，人們還保持著幼稚的心態。通俗的說，就是精神的發展並沒有與肌體發展同步。人生的悲傷的一大源頭源於豐富的想像力，源於回憶起年輕時美好的時光、往時的雄姿勃發的激盪情懷，源於預測自身隨著年歲逐漸衰朽。畢康斯菲爾德（Beaconsfield）說過，世上最邪惡的事情就是必須要忍受自己臆想的根本不會發生的災難的那種痛苦。但我覺得有一點可以肯定的是，我們每個人都要專注眼前的每一天，並將之最大化。我不是推崇享樂主義，不計一切後果去肆意享樂，一下子揮霍掉本該持續一輩子的快樂與幸福，而是要像紐曼（Newman）以下這段詩歌的精髓那樣：

> 「我並非貪戀遠處的美景，
> 一步之徑的景色已夠我消受了。」

現在，我發現自己可從中汲取某種能量，盡自己最大的努力去過好每一天、每個小時。年少之時，只要一想到將要有一些自己厭惡的聚會，或是讓我煩憂的事情，我的情緒就很是低落。而現在則不一樣了。在沒人打擾的平和日子裡，我的內心充盈著精神上的愉悅，從中獲得優質的享受。因此，我有必要在死神來臨之前，改變之前那種情緒低落的狀況。以前，我時

常會在拂曉時分驟然驚醒，突然覺得自己還有時日可活，就不懼怕那一天的到來。晚上入睡之後，心智處於清醒卻又失衡之時，一股莫名的焦躁不安的情緒又悄悄潛入意識之中，讓自己預想著一些恐懼的事情，感到自己無力去面對。現在，在醒來之後，我會對自己說：「無論怎樣，今天我還活著，至少我手中還有今天呢！」一想到未來不可測，我就努力讓每一天增值。我想這也是許多耄耋老人經常表現出淡然自若的一個祕密原因吧。看上去，他們離那扇暗無天日的「黑門」近在咫尺，但他們卻漠然視之，不予理會，照樣專注於一些平常的瑣碎事情，內心充溢著某種兒趣。

　　天際線逐漸昏暗，我拖著緩慢的腳步回到大學校園——一個時刻可以為我心靈帶來平復的地方。門童把二郎腿蹺在壁爐擋板上，坐在舒適的房子裡，正閱讀著報紙。庭院裡燈火閃閃。壁爐裡的柴火燒得劈哩啪啦，發出陣陣的碎裂聲。牆上掛著當年自己隊友的照片、家庭大合照、懸掛了許久的划槳，還有那頂掛了多年的畢業禮帽，所有這些都勾起了對年輕時串串美好時光的追憶。我輕步走進書房，聽到壁爐旁的水壺正在「滋滋」的唱著歌。我突然想起了自己還要寫幾封信，還要翻一下一些有趣的書，記起還有一個讓人神往的愉快晚餐聚會。在閒談一陣之後，有一、兩個大學生來到我的住處，與我閒聊著一些關於論文與文章寫作的事情。現在，我更願意默認自己在這方面上的能力不足，像一隻老態龍鍾的貓兒一樣，講起話來都是咕嚕咕嚕的。我覺得自己正在享受著無價的悠閒，偶爾做些瑣碎事情。我還有很多生活故事要說呢，要去傾述呢！若

是我不能保持清醒的大腦，那可真是可憐哀哉！

　　我也清楚知道，自己與生活中的一些「知己」漸行漸遠了
—— 壁爐、溫馨的家、妻子的陪伴、看著兒女成長所感到的
樂趣與滿足感。但若是一個男人有足夠的男子氣概或是一顆善
良的心，那麼就會發現其實很多年輕人都樂意在未來承擔作為
父親的責任，同時，對於那些傾聽他們的苦悶、困難或是夢想
的人表現出的深切關懷，深懷感激。我的兩、三個年輕朋友，
他們會向我說一下他們現在所做之事及他們真正希望做的事
情。許多小男孩都是我的朋友，他們不時跑過來告訴我他們是
如何在這個大千世界裡與人融洽相處的，反過來，他們也想聽
聽我經歷過的故事。

　　當我一人靜靜坐著的時候，壁爐臺上時鐘在「滴答滴答」
敲打著分秒流逝的光陰。木柴在壁爐裡痛快的燃燒著，不時炸
裂一聲。我就這樣靜靜的坐著，直到一位老校工過來敲門，問
我晚上有什麼打算。於是我們走到庭院上，禮堂上盾形徽章的
玻璃反射著燈光。一群精神抖擻、穿著長袍的人們踏上樓梯。
抬頭仰望星空，在塵世生活的一切喧囂與低語之上，在黔黑的
夜空之上，靜懸著永恆的星光。

單元 10
淺談「作家之道」

不時會有一些年輕的文學愛好者問我這樣一個問題：怎樣才是搭上文學最好的途徑。若是詢問者很坦誠的說他只想透過此道混口飯的話，我總是語重心長的說實現其理想最佳的途徑就是趕快找其他的工作。無疑，寫作是世上最讓人愉悅的事情，但前提是不能以此作為生計。事實上，若某人真的具有文學天賦，那麼很少有其他的工作能給他足夠的時間沉浸在這一最為有趣與純粹的愛好之中。有時，這種早年的衝動是毫無緣由的，然後就隨著時間的流逝乾枯了。但如果在經歷某段時間之後，他發覺自己內心還是充滿著寫作的欲望，並且感覺自己有意識的去嘗試這種讓人為之心醉的藝術之時，那麼此時的他才可正式將寫作當成一種職業，但他還是不能希冀從中有過多的金錢報酬。一位成功的戲劇家可能會賺上一大筆，一位一流的小說家或是新聞記者可能都會有不菲的收入。要想在文學上獲得一定的聲望，好的運氣甚至比天賦乃至才華更為重要。寫作能力本身，甚至是一種高階的文學才能，都是遠遠不夠的。作者必須要緊跟時代的潮流，寫出滿足人們特殊需求或是適合時代口味的作品。但對於那些一心追求純文學的作家或是一種純粹與簡樸文學的作家而言，他們就很難憑此道來養活自己。除非他們樂於這樣，並且有足夠的精力去粗製濫造一些作品。他必須隨時要寫一些文學評論與介紹，偶爾還要做些文學審閱、編撰及選題等方面的工作。若他要依靠這些工作來過活的話，那麼很有可能他的內心就難得安寧悠閒，無法感受到優秀作品所帶來的成就感。約翰・愛丁頓・西蒙茲（John Addington Symonds）曾做了一個統計。在他公開的信件中表示，他在受

聘編寫義大利文藝復興時期歷史這份工作的薪資每年只是以一百英鎊的速度遞增。在這些薪資之中，也許有一半的金錢要被用於購書、旅行或是一些臨時性的開銷。那麼由此所得的結論就是，若是一位作家沒有其他途徑的收入或是一副足夠硬朗的身體足以讓他能一邊從事文學的創作，一邊投入職業工作的話，那麼他是很難再有精力去從事純文學創作的。

在今天這個時代，文學儼然成為一種時尚的追求。格雷拒絕領取自己出版書籍的稿費的時代早已一去不返了。現在人們覺得像他這樣只是為了愉悅自己而寫作的人是挺古怪的。自從羅克比的繼承者在一張權貴的全家福中發現，在牆上掛著小說家理查森（Richardson）的照片，並且精心用一些佩帶與小星星裝飾，這是想把這張照片變成勞勃・沃波爾爵士（Robert Walpole, 1st Earl of Orford），這樣他就可以讓自己的畫作免於流俗。此後，風氣就改變了。

但現在，只要書中的內容是符合常識，那麼社會名流並不會為寫本書、遊記甚至是為文學評論而感到羞恥。人們不會反對這些人出版一些用平淡的詞語或是一則簡單的小說來表現他們的輕鬆。正如查爾斯・蘭姆（Charles Lamb）所說的，他們有這種心思。若是某位女士能出版一本書的話，這無疑會讓她魅力倍增。這些人所寫的書一般都會有一個不錯的書名、一段飽含感情的獻語，一幅有點過度謙虛的封面，以及一些精緻的印刷。在一個大型的晚餐聚會上，遇到三、四個專職作家的人出版了三、四本書，這是很常見的事情。邱吉爾曾幽默的說過，他並不認為自己是一位專業作家，因為他只寫了五本書——

這與摩西[34]寫的數目一樣多[35]。我絕不會指責那些業餘作者辛勤的勞動。他們在寫作的時候，獲得了一種樂趣，而不是什麼壓力。而能成為作家的自豪感更是能拓展人的憐憫之心，讓生活為之發光。這些業餘作家也不會遇到一些蓄意的刁難者，他們的這些作品就如置身於陽光下，破殼而出的蒼蠅的那層輕薄透明的羅紗，展開稚嫩的翅膀，在空中翩翩起舞。

我不會像那些一本正經的評論家那樣，嚴禁這些以休閒為目的的作者從事寫作。他們在寫作中獲得愉快的消遣。某些文學評論家喜歡把這些可親而又有所深意的業餘作家趕出文學圈當成一種神聖的職責，彷彿這些業餘者踏進了某塊神聖的領地一般。其實，在文學的境域中，人們既可撿到黃金，也可撿到銀子。毋庸置疑的是，許多業餘者往往是丟掉金銀。但畢竟他們是在揮霍自己多餘的財富，這是可以理解的。可能有某些真誠的出版者會從作品中捕捉到一些品質高的，在某些不須額外花費的領域中繼續揮霍。其實寫一本或是出版一本差一點的書並非什麼罪過。我更願意這樣說，任何一種寫作，其帶來最糟糕的害處就是一種無害的消遣。我不知道為什麼人們要避開這種樂趣呢？其實他們更不應去玩音樂或是畫些水彩畫，因為他們在這些方面的執行力實在是太弱了。我以為，那些有足夠休閒時間的人將時間投入到寫一本品質中下的作品，這比打高

---

34 由於傳統上認為摩西是《摩西五經》這五本書的作者，《摩西五經》指的是舊約聖經的頭五本書，就是創世記、出埃及記、利未記、民數記和申命記。故有此說。

35 原文注：邱吉爾在說這句話的時候，當然是在沒有出版關於其父親藍道夫‧邱吉爾勳爵（Lord Randolph Henry Spencer-Churchill）的傳記。

爾夫球或是駕車兜風更棒。人們能寫某一本書，這意味著對某方面知識的某個層面有一定的理解。我願為可以增強當前國人知識或是鑑賞力上的任何事情予以支持及鼓勵。在國外，這些情況不是太多。我並不是很關心獲得的過程，只要有這樣的結果就可以了。而這些業餘者讓人感到倦煩的唯一做法就是喜歡在一個小圈子裡，大聲朗讀自己的作品。記得有一次，我與一位很有地位的鄉村紳士參與射擊運動。在射擊之後，每天晚上他都要堅持在菸室裡高聲朗讀自己的作品。他極富感情的朗讀著，這實在是讓我深感頭痛的事情。必須要承認一點：射擊是很讓人開心的，但我不敢確定，兩者是都值得相抵。這位老先生著作的情節很入微，但人物過多，我無法分清該書中的主角與配角。但我並不埋怨朋友在寫書之時所獲得的那種樂趣。我所討厭的是，自己必須要乖乖的靜聽著。若是站在小說這種文學體裁本該具有的內在價值來說，這本書並不值得一寫。但寫作卻給了這位老友有事可做，他的內心不會感到無聊、煩悶。只要稍有閒置時間，他就馬上飛到寫作之中去，這讓他免去了不少的呆板與無聊。我毫不懷疑，這讓他獲得內心的陣陣竊喜。這對於他本人或是他的家庭而言都是一種純粹的收穫。現在他總是忙忙碌碌的，而這不需要任何昂貴的花費。這可算是我們所能想到的最為廉價與最無害的愛好啦。

　　我們這個國家的國民的一大特性就是缺乏性子，急於工作。我想在世界上再也找不到第二個國家像英國這樣，沒有什麼耐心去優雅的完成一件事，享受其中的過程。當然，這種特質也是我們力量的部分，因為這顯示我們還有某種孩童的活

力。我們沒什麼耐心、有點急躁與永不滿足。若我們最終不能有一個滿意的結果，是很難感到開心的。這種性情所帶來的表現可以從現在人們對戶外的體育活動中消耗的極大熱情中略見一斑。我們並非一個具有知識氛圍的國度，所以必須要做些事情來彌補。相對而言，國人還是富足與安全的，在日常工作之外，我們會組織起來消磨休閒時間，讓自己有事可做。我敢肯定，我們這個國家成為一個更有知識氛圍的象徵，就是有大量低階的書籍出版。因為我們缺乏一種學生時代的求知若渴的欲望，也沒有吸收文學知識的天賦，但我們對出版書籍有著深厚的感情。若是我們在體育上富於天賦，必然會在公共場合上展示這種天賦；若我們有自己的思想，必然希望別人去聆聽。我們把冥思、沉想、與人對話、悠閒的生活看作浪費時間。我們真的是一個很現實的民族啊。

接下來，我將談一下更為專業的作家。首先，我要坦白一點，自己的職業也主要是與寫作有關的。在我看來，世上再也沒有什麼比寫作帶來更美好的樂趣了。發掘一個讓自己感興趣的主題，然後盡可能用簡明與坦率的語言表達出來，我認為這是最讓人愜意的工作了。大自然充滿了細微的景致與聲音。日復一日，世界的大舞臺擠滿了許多有趣與讓人著迷的個性、相互反差的性格、幽默的風趣、哀婉的憂傷。當我們走出這個紛繁複雜的物質現象之後，就會被各種神奇的奧妙與難以理解的祕密所包圍。時時刻刻出現在我們眼前的奇幻景象為何物？這種日與夜、太陽與月亮、夏與冬、悲傷與歡樂、生與死的轉變，所有這些如萬花筒般的景致，是為何物。正如傑克・霍納

（Jack Horner）所說的，我們每個人都有屬於自己的那份餡餅。當我們追尋心儀之物，誰不歡欣顯於額際？當盤子已空，唯剩石頭，詩人在保持著緘默，這不也是一次讓人印象深刻的經歷嗎？

對我而言，讓人驚奇的並不是有太多的出版物，而是勇於表達自己的那一份喜悅、悲傷或是所經歷的奇幻之事的人，真的是太少了。我衷心希望，人們能更加勇敢的表達各自的感受。愛德華‧菲茲傑拉德（Edward FitzGerald）說過，他希望能了解更多平凡人物的生活，希望知道別人是怎樣想的，感受如何，他們期望怎樣的歡樂，忍受何種痛苦，他們是如何看待生命及感知的終止與停頓的。所有這些問題都有待我們共同去挖掘。而最糟的一點是，人們通常是過於謙虛了，他們認為自己的經驗太過無聊，不存在浪漫色彩，無法提起別人的興趣，這完全是一個錯誤的想法。若是每個人能真誠的將他對人生的所感所悟記錄下來，將他對工作、愛情、宗教等方面的感受寫下來，即使他是一位愚鈍之人，這些文字也將是一些讓人神往的記錄。唯一讓我感傷的是，上面所說的那些人並沒有這樣做，他們只是用一種很客觀的記敘，講著一些表面的事情，只是在說著一些明確的事情，比如他們在旅途中所見所聞，說一些千篇一律的事物。他們喜用諸如小說或是戲劇這些慣用的文學手法來表達，但卻往往陷入徒勞的文字解釋之中。若他們能用日記的方式，寫一些富於想像力的信件，讓讀者了解其所想，而不是像在一個偌大的公園裡漫無目的的遊蕩。作家對文學的真正興趣應是對別人觀點的了解。許多人花了不少時間投入所謂

的「社交」之中，想從中了解別人的觀點。但他們只能從一大堆讓人難以容忍的穀殼中找到的稻米又是多麼的稀少啊！

　　因為人們基本上都是保守與世俗的，不願輕易的說出其內心的想法。所以，他們一般不會說出自己的真實想法，而是選用一些慣用語敷衍了事。可見，遇到一位坦誠之人，與之交談所帶來的清新拂面之感是多麼的怡人啊。只有這些情況下，你才會覺得自己是在真正的與人進行交流。我們在寫作中應持一種將我們想法完美且真誠表達出來的態度。當然，我們不能奢望在藝術、神學、政治或是教育方面都有自己獨特的見解，因為我們可能對這些領域都沒有什麼深刻的感悟。但我們在自己的人生中，對於生活、自然、情感及宗教的感悟卻是有的，盡可能真誠的將這些情感表達出來，對我們無疑是大有裨益的。這有助於澄清我們的觀點，不至於用現實中的一些貌似肯定的事情模糊心中的希望，可讓我們擺脫常規思維的束縛。

　　當然，我們不可能一下子就做到這一點。但在開始寫作之時，我們會發現理清頭緒是一件多麼困難的事情。我們不時從思想的主幹中游離出來，被一些富有魅力的旁支所吸引。我們組織不起自己的思緒。大凡具有匠心的作家都會經歷這個階段。他們覺察到在自己腦海中有許多相類似的概念，這些概念或多或少與中心思想都有一定的關聯，但他們卻不能完全控制這種思緒的運動及趨勢。他們的思想就如在那熙攘的人群，而他所要做的，正是要將這些毫無次序的人群排成一個整齊的行列。作家必須要經歷某段的「學徒」階段。而要想避免這種寫作之時出現的模糊性，就必須選擇一個範圍小且明確的主題；

然後，將我們內心對此的感悟說出來。當心中無語之時，即應停筆，不能為堆砌華麗的詞藻而寫作，而應在於某種明確與清晰性。

　　我以為，許多作家在這些方面其實都是殊途同歸的。在寫作的過程中，是不能做過多修改的。達到表達簡明最好的途徑就是透過不斷的練習。我們必須要有勇於放棄或是犧牲那些不能讓自己滿意的手稿，不應為此煩躁不安，然後就要重寫。在寫散文的時候，我發現有兩種做法是大有裨益的：這就是養成寫日記的習慣以及創作詩歌。寫日記這種習慣是很容易養成的。一旦養成這個習慣，有哪天若是沒有寫日記，就感覺自己沒有洗澡或是吃飯一樣，感覺是不完整的。許多人會說自己沒有時間去寫日記，但從來不會說自己沒有時間洗澡或是吃飯。日記沒有必要是對某天流水式冗長的紀錄，而應該是對某些具有特殊事情的記載，比如某次散步，讀到的一本好書，一場談話等。這一習慣會帶來多方面的收穫。在日後回首之時，單單是翻看這些發黃的日記，這就是一件難以言表的樂事。看看自己在十年前所想、所讀、所見過的人，自己早期的一些觀點，這更可以養成自己的風格。這些主題都是很容易找的。透過日記這種體裁，人們可以很容易的找到真誠與坦率表達方式的藝術。

　　接下來，談談對詩歌的練習了。對於一些具有文學天賦的人而言，在他們的寫作生涯裡，詩歌是最自然與最喜歡的表達方式了。他們內心的衝動可以隨時得到滿足。詩歌不一定要寫得很好。對於自己的詩歌所具有的價值，我從來都是不抱任何

幻想的。但是這種訓練卻讓我掌握了豐富的詞彙，養成了一種泰然自若的氣質，注重音調的抑揚頓挫，在措辭的選擇上推敲斟酌，讓詩歌具有某一種意境的意識。當某人放棄了詩歌或是被詩歌所放棄之時，此時，散文才是表達最真實與自然的表達方式。而對那些精於詩歌表達的人而言，當他們開始將原本為詩歌準備的素材用於散文目的，就無須為詩歌中的詩節的長度、用詞的精當及節奏等方面的硬性要求所限制。當最終從這些約束中解脫出來，當某人可以自由的表達心中洶湧的感情、不受阻礙的迸發出來之時，可想而知那種不受詩歌桎梏阻攔之時的那種狂喜之情，是多麼的讓人歡喜啊！那種旋律、那種節奏、句子音調的升降，對照反襯、洋溢著能量的調子—— 這些都是散文所具有的魅力。但卻缺乏詩歌那種形式簡潔與更穿透人心。

　　文如其人，人如其文。史蒂文森曾說過，他自己是透過對別的作家進行坦誠與不恥的模仿，才達到今天遊刃有餘的地步。他自己也打趣的說，自己是在對著許多著名作家「依樣畫葫蘆」。這種做法是有其價值的，但其危害之處也是很明顯的。一種敏感的文學特質是很容易被捕捉與重複的，並且透過一些著名作家的努力將其魅力永存下來。有時，我會寫一些關於那些具有自己鮮明風格作家的文學評著，這是一項很有挑戰的工作。在接下來的幾個月裡，只是專心研究一個情感細膩及具有感染力的作家的作品，還要以一種批判且欣賞的態度去評述。不久，我就發現自己與所要批判作家的作品在表達方式上存在驚人的雷同之處。不只一次，當完成評著之後，我感到自

己是在這一專著的作者的審查之中完成的，這實在是很沒價值的事情。我深信在寫作之時，人們是不能將目標固定在某種風格上的，而是要盡可能的將想要表達的事情清晰、有力的表達出來。若想堅持真誠寫作的態度，那麼這種個性就自然會成為其風格。因此，我認為，那些想要有自己風格的作家應該不要去閱讀那些可能對其風格影響極大的作家的作品。史蒂文森本人不敢去閱讀李維[36]，佩特承認自己不敢去閱讀史蒂文森，他補充說，這並不是認為自己的風格要好於史蒂文森 —— 事實上恰好與此相反 —— 他有自己的風格、表達方式，這是他可以努力去追尋的。因此，他小心不去閱讀那些會在不經意間讓他模仿的作家的作品。其實，關於寫作風格的問題，凡是那些具有獨創性的作家都不應去想這個問題。作品必須要源於事物的本質，否則很自然就會失去其特色。我認識一位勤勉的作家，他那一氣呵成的寫作風格猶如滔滔江水，頗具說服力。他那經過詩歌的嚴格訓練以及自己簡樸個性所帶來的生動及通俗的語言，是很有穿透力的。但他卻不重視這些作品。若是有人當面讚賞他，他馬上會說自己為這些粗糙的作品感到羞愧。他花了不少時間想創作一本「曠世名著」，為此他著實吃了不少苦頭。他所寫的所有句子都要經過濃縮，不斷進行打磨、潤色。他總是不停的在修飾或是重寫。但當這本書最終面世之後，卻完全是一部失敗之作。這本書毫無智趣可言。書中的人物僵硬，沒有空間感。讀者絞盡腦汁去探究某個段落，最後卻發

---

36 蒂托‧李維（Titus Livius，西元前 59 ～ 17 年），古羅馬著名的歷史學家。

現，裡面所包含的只是一個很簡單的思想，但卻用極為晦澀的語言去表達。而一位作家的目標本應是將一個深邃與艱澀的思想清楚無誤的表達出來。在文學方面唯一真實與持久的一個建議——這是我從西利教授給年輕作者建議時聽到的。這位年輕作者曾用毫不相關的複雜語言把一個簡單的想法包裹住，西利教授說：「不要害怕把骨頭露出來。」——這就是祕密所在：文學作品當然不只需要乾巴巴的骨頭，這個骨架上必須要有鋪上一層潤滑的皮膚以及適當的肌肉，但是必須要有其結構，而且還要清晰可見。

而對簡明寫作的完美追求，人們可以看看紐曼 [37] 的〈辯解文〉以及拉斯金 [38] 的〈前塵往事〉。他們的作品就如一道清澈見底的小溪，在光滑的卵石上，柔順而又綿長的流淌著。而整個溪道的形狀則是清晰可見。透過小溪，還能看到在水下的沙粒上，有一層玻璃般的殘跡。無疑，小溪有其固有之美——一種水流曲婉及潺潺細語之美，但其主要美感卻在於其微妙的空間轉換之美。時而流經小圓石，青青綠草在柔波中閃爍蕩漾。而在小溪的兩邊的卵石則顯得多麼的乾癟與粗糙啊！小溪流經之後，被壓伏的水草植物又是多麼堅強的挺直腰桿！從透明如玻璃的水面上看去，在這小小的卵石上，在小小的暗礁之上，

---

37 紐曼（John Henry Newman，西元 1801 ～ 1890 年），19 世紀英國著名教育家、文學家和語言學家，是自由教育的倡導者。代表作：《大學的理想》等。

38 約翰・拉斯金（John Ruskin，西元 1819 ～ 1900 年），英國文藝批評家與詩人。代表作：《建築與繪畫》、《建築的七盞明燈》、《現代畫家》、《時間與潮流》等。

在那如絲帶般的雜草上，這是多麼的清澈、多麼富於浪漫情懷，這是一個隱藏著怎樣祕密的奇幻啊！夕陽下，在這流光溢彩的小溪中，這種微妙之美是如此的自若，給人一種從沒想像過的平和，一股透心的清涼，一陣柔和的靜謐之感。

　　藝術與風格都具有這種感觸心靈的強大力量。在普通人眼中，許多事物好像都只是懸在沉悶的空氣之中，覺得瑣碎無所謂，更別談什麼詩情畫意了。其實，人們是可以將這種力量握在自己手上。一些之前已經見過幾百次的事物，在某種清晰與新明的介質之下，有一種統一、柔軟的甜蜜注進心間，這好似一種緣於奇幻的魔力、一種無以言表的影響。這種力量將天底下的一切置於眼皮底下，在那個真實存在的境域中低聲訴說著人世間的祕密。這些都是我們可去察覺與享受到的，但其中散發的魅力是我們無法分析與解釋的。我們只能用一顆感恩的心承認其存在。那些將自己投入到寫作之中的作家就會發現，寫作的主要樂趣在於對藝術的探索，而不是在於回報。出版書籍是有其價值所在的，因為這讓一位作家精心盡力將其作品臻於完美。如某人在寫作之時從沒想到要出版，那麼他就不會做最後整理這一步，讓那些不完整的句子以及沒有結束的段落繼續殘存。儘管評論本身也是難以盡善盡美，但是知道自己的作品對別人產生某種影響，這是一件很有趣與有益的事情。若是某人的作品被大眾所蔑視，那麼知道自己不適合從事這方面的工作，知道自己不能讓讀者發笑或是感興趣，這本身就是振奮人心的。很多優秀的作品在剛出版的時候都被人們無視其價值，甚至是招致辱罵。但是作品本身被忽視或是被辱罵，並不是作

品本身標準高或是品味高的證明。更進一步說，若是某人盡自己所能，真誠的表達自己所想所思，這就夠了。有時，可能收到某位讀者的回信，原來他是從自己的書中得到了樂趣乃至鼓勵。這是一種極為真實且難求的樂趣，這就是寫作所能獲得的美好回報。雖然，不能為了獲得報酬而寫作，但他們可以用清醒的感激之情去接受這種「報酬」。

　　當然，對於所有作家而言，都會有感到沮喪的時候。他們會經常自問，即使是丁尼生也曾捫心自問過：到底自己的作品值得發表嗎？作家們必須不能將自己的可能性定得過高。在回首自己人生，在嘗試追尋對人們產生深刻與持久影響的事情之時，很少有人能指出某本具體的書，然後理直氣壯的說：「這本書給了我最需要的資訊，讓我走上了正途，讓我對事物產生了偏見或是強烈的衝動。」我們總是幻想著可以憑著一種暴風驟雨般的方式去做事情，想對多數人產生重要影響，為無數心靈帶來震撼。一位作家若是發現自己的作品對少數人產生一些影響或是給予一小部分人無憂的樂趣之時，就應感到心滿意足了。只有少數志存高遠、心中有著不竭的耐心、精力以及深厚的情感的作家，才能在歲月的車轍中留下屬於自己深深的印記，這還需要一種極富魅力的個性，讓人在「會呼吸的思想以及讓人灼燒的詞語」中漂浮。但我們所有人都可以在這場遊戲中參與一把。若我們不能演主角，只是被告知要做主角的龍套，屬於我們的鏡頭只是在遠處的海灘上喝醉酒，然後低語說著話，而主角則在鏡頭前方自言自語。雖然我們在鏡頭前的影像很模糊，讓我們還是飽含熱情的將這杯酒一飲而盡，用心做

好屬於我們的低語，而不去注意鏡頭是否轉移到自己身上，盡全力為這一幕顯得自然與真實貢獻自己的一份力。

單元 11
別人的批判

某天，我到一位老朋友家做客。他是一位名人，性格很是有趣，讓人感覺充滿著活力與才華，當然也有一些不足。而在房子裡的另一位客人也是我的一位老友，他是一位很嚴肅、認真的人。當我們三人在菸室裡坐了一會，主人站起身子，說還有幾封信要寫。當他離開之後，我對這位嚴肅認真的朋友說：「這位老友真的是一個很有趣的傢伙啊！他之所以有趣，並非由於他自身所具有的優點，而是他所沒有的。」我的朋友，以其坦率的說話而稱著，以一副嚴肅的表情看著我說：「若你想討論剛才這位主人的話，你還是去找別人跟你展開這樣的討論吧。他是我的朋友，我對他有深深的敬意，因此我不能去批評他。」「我同樣也很尊敬與愛他啊，這正是我們要花時間去談論一下他的原因所在啊。你與我說的任何話語都不能削弱我們對他的崇敬之意。但我只是想了解他。我相信自己對他有一個清楚的認知，我相信你也有一個清楚的認知。但我們可能在許多方面對他會有不同的看法。我想知道你是從哪個角度來看待我們的朋友的。」朋友說：「不，批評朋友，這不符合我忠誠的理念。另外，你也知道我是一位比較保守的人，對於批評別人的行為，我總不是很贊同的。我覺得這違反了『第九誡 [39]』。我認為，我們不應對鄰居有錯誤的見解。」

　　「但你是在迴避問題的實質。」我說。

　　「你說的『錯誤的見解』，我不否認有些人會以一種惡毒報復的心態去討論別人，或是一種譏笑嘲諷的心態去討論別人，只是想誇大別人的觀點，對別人的一些個人偏好進行妖魔化的

---

[39] 第九誡則可簡言之為「誠實立言」。

描述。毫無疑問，這些做法都是極其錯誤的。但若是兩個正直之人，比如你與我，當然不會像那些巧言令色的偽君子一樣以所謂的『愛的精神』去討論我們的朋友。」

朋友搖搖頭說：「不，我認為這樣做本身就是錯誤的，我們要看到朋友身上的優點，對於一些缺點盡量要掩飾一下。」

我說：「那就讓我們低聲細語的讚揚我們的朋友吧，稱他為世上最值得尊敬的人，就像《小公主》[40]裡面的人物。你可以極盡稱頌之詞，然後我就該說：『大家聽聽吧，大家過來聽聽吧。』」

「你是在開玩笑吧，」朋友說，「你不會介意我說你有過度批評別人的傾向吧。你總是在談論著別人的缺點。我認為，這是你對人類本性過低評價所導致的。今晚在餐桌上，聽到你在談論著我們最好的幾個朋友之時，真的是讓我感到傷心啊。」

「我們不能讓蘭斯洛特[41]獨自成為孤膽英雄，也不應讓加拉哈德[42]在純真中孤芳自賞。」我反駁道，「事實上，你認為我的舉止像《新約‧使徒行者》中的一位精心喬裝的惡魔所為。《聖經》的這一章節總能為我帶來強烈的幽默感。猶太人士基瓦（Sceva）的七個兒子，他們不是試圖驅除邪惡的神靈嗎？但『邪靈所附的那人就撲到他們身上，制伏了兩人，勝過了他們，使

40《小公主》，作者是法蘭西絲‧霍森‧柏納特（Frances Eliza Hodgson Burnett）。《小公主》是一部灰姑娘式的兒童小說，為其代表作。

41 蘭斯洛特（Lancelot），亞瑟王圓桌武士中的第一位勇士。

42 加拉哈德（Galahad），亞瑟王的圓桌武士之一人，高潔之士。

他們赤著身帶著傷，從那房子逃了出來』[43]。你的意思就是說我就是這樣對待朋友，剝去他們的名聲，辱罵他們，不給他們最後一絲的美德或是榮耀殘存？」

朋友皺著眉頭說：「是的，這差不多就是我的意思了。儘管我認為你的描述顯得有點多餘。我始終認為，我們應該看到朋友好的一面，不要花心思去發現別人的缺點。」

「除非是他們的缺點確實應該受到批評嗎？」我回答說。朋友表情又嚴肅起來，轉身對我說：「若有必要的話，我認為不應該懼怕告訴朋友們其缺點，但是透過談論別人的錯誤來取悅自己與這是兩碼事。」

「我以為，若是我們知道朋友的缺點，就應盡量告知。我個人認為，透過與別人的交談，可以對朋友的優缺點有一個比較公正的評價，也可以獲得一個更為公允的立場。看到朋友在別人眼中的印象，相比於我自己腦海中的印象，通常更讓我增添對他的敬意。若某人有批評的能力，卻故意把這種能力從人生中剔除了，在我看來這是荒唐的。最為重要的是，這樣做把別人也給剔除了。我的意思是，你說我們不該對朋友進行批評，但你不會認為對他的某本書進行批評就是一件錯事吧？」

朋友說：「不。當然不會。我想這樣做不僅是正確的，而且也是一個責任。對某一本書展開批判性的思維，這是自我教育最重要的方法之一。」

「但書籍不也是作者本人個性的一種呈現嗎？你不會反對

---

43 出自（《聖經》使徒行傳 19：16）。

人們不應對朋友所寫的某本書進行批判吧。」

「你只是為了爭辯而爭辯。書籍當然是不同的了。它是作者情感的公開表露，理所當然要受到全世界批判的目光了。」

「我承認，自己也並不認為這種特點是真實的。我覺得在談話之中，人們有權利批判別人的一些觀點。生活也是或多或少將我們自己公開表達的一個過程而已。在我看來，你的觀點就好比一個人說：『我看著整個世界，裡面所有的事物都是上帝創作的產物。所以我不能去批判上帝的任何作品。』這樣的說法一樣是沒有道理的。若是某人連自己所尊敬的朋友的性格都不能批判的看待，更不用說，我們也不應去批判世界上的其他事物。整個倫理系統、整個宗教體系其實也只不過是將我們的批判思維置於行動之中，然後才可發揮其功能。在我看來，若我們有強大的批判能力的話，那麼就應將其運用於我們所見到的任何事物之中。」朋友以輕蔑的語氣說，這只是我在施用詭辯術而已。我們最好還是各自回去休息。

自從這次對話之後，我一直在反思整件事情。我並不認為朋友的觀點是正確的。首先，若每個人都遵從不應去批評自己朋友這一原則的話，那麼這實在是無聊沉悶得近乎慘澹。想像一下在談話之中，人們只能言不由衷的讚揚別人的優點所帶來的那種駭人的沉重之感吧。想像一下那升起的毫無生氣的節奏：甲是多麼的高尚與莊嚴啊！乙是多麼的強壯與結實！丙是多麼的可愛可親，多麼聰明、賢慧及謹慎啊！而丁更是無與倫比！戊又是那樣的富有熱情，這是多麼的富於教益，多麼的有條不紊！是的，這聽上去多麼「真實」啊！我們應為有像甲、

乙、丙、丁、戊這樣的朋友作為榜樣而心存感激！諸如此類的對話在社會上大行其道，這如何能激揚心靈，如何打開通往那扇幽默與精妙的大門？

　　有人會認為，我們不應為了避免沉悶的發生而限制自己的行為。但我卻認為，沉悶與無聊是造成人類痛苦與悲傷的一個重要原因。讀過《天路歷程》[44]這本書的讀者無疑會記得一個名叫「沉悶」（dull）的年輕婦女，她的同伴則只能是空洞、懶散、自以為是、遲鈍、鐵石心腸、沉迷酒色、懨懨昏昏的大腦。這些無疑是與這位「沉悶」女士為伍的天然夥伴。沉悶的危險在於 ── 無論這是先天遺傳或是後天習得 ── 腦海中那些愚蠢與常規的觀念盤桓著，賴著不走，這讓人們失去與外界美好世界的交流。一般而言，沉悶之人都並非簡樸之人 ──他們通常有一套目光狹隘且「自給自足」的「法典」，他們樂於自我滿足之中，並且急於反對任何富於生命力、浪漫的事物。簡樸若不是天賦所得，就須透過一種強大的批判能力去獲得。他們會抱著堅定的立場與旺盛的精力去檢驗、測試與權衡動機，然後在所獲的經驗中到達一個如何嫻熟的與周圍的人事打交道的過程。真正的簡樸，絕非精神上遺傳的貧瘠，而好像是故意拋棄那些阻撓人前行的憂慮及不需要東西所表現出來的一種「貧困」，這讓人們明白，人生的藝術在於讓精神從所有常規的桎梏中解脫出來，活在一種受控制的衝動及良好的本能之

44《天路歷程》，作者約翰・班揚（John Bunyan）。英國英格蘭基督教作家、布道家。《天路歷程》被認為是最重要的英國文學作品之一，被翻譯成 200多種文字，亦從未絕版。

下，而不是活在傳統與權威的威嚴之下。我並不是說，沉悶之人在某種程度上都是不快樂之人。我想任何人若能達到自我滿意的境界，在一定程度上都是讓人快樂的泉源。但這並非是人們所要追求的那種快樂。

也許，我不該用「沉悶」一詞，因為這可能會被人誤解。我所說的「沉悶」並不是一種抽象意義上的東西，不僅是來自實際生活中的某種具體表現，而且是心理力量之上。我認識不少智力超群之人都是「沉悶的大師」。在他們的記憶中無疑是裝著許多有價值的東西，他們所得出的結論在別人看上去也是權威的。但他們卻沒有一種生動的洞察力，沒有足夠的靈敏度。他們不願意接受新的思想，說不出一件趣事或是讓人深思的東西。他們的存在是參加其中聚會人們的一個精神負擔。他們的面部表情好似在斥責著所有用心或是瑣碎的東西。有時候，這些人很沉默，此時他們就像一團厚厚的大霧，顯現不出輪廓，沒有清晰的前景。有時，他們又很喜歡談論，我不知這是否更糟。因為他們通常用精深語言及肯定的語氣來談論自己熟悉的主題。他們沒有一點談話的技巧，因為其對別人的觀點毫不關心。他們並不注意自己周圍同伴的感受，就好比一個打氣筒不關心其下面所壓縮的容器。他們只需別人在一旁默默的聆聽。我記得不久前就遇到這類人。他是一位古文物研究者。他在滔滔不絕的談天說地，雙目圓睜，如一把尺丈量著桌子的長度。他所談論的都是關於古文物。我在他一旁，對他的語言攻勢根本毫無招架之力，只能在旁邊機械似的邊吃邊喝著，間或說著：「對！」或是「真的很有趣」之類的話語。在地平線升

起唯一的一線希望曙光，就是掛在壁爐架上的鐘錶在不停的轉動著，雖然好似是以灌了鉛的速度在爬行。在這位專家旁邊站著一位原本很具活力的談話者，他的名字叫馬太，他也變得急躁不安起來。這位專家選擇多爾切斯特作為談話的主題，是因為他發現我最近去過多爾切斯特[45]一趟，內心覺得很是不爽。我的朋友馬太成為其聽眾之一，曾想盡辦法逃離。再看到我抓狂的樣子，他就開始與其旁邊的人聊起天來。但這位古文物研究者豈肯放過呢！只見他不依不饒，終於停下了懸河般的講話，然後以一種近乎無情的眼光盯著馬太說：「馬太 —— 馬太 —— ！」他提起嗓子叫道。馬太佯裝環視了一下周圍。「我正說著多爾切斯特這個有趣的地方呢！」馬太也只好放棄逃脫的念頭，乖乖的聽從命運的安排了。

　　諸如這位古文物研究者的這類人，他自己當然是一位相當快樂的人。他沉浸於自己的談話主題中，並認為這是極為重要的。我想在某種程度上，他們的生活是物有所值的，這個世界在一定程度也因他們的勞動而獲益匪淺。我這位古文物研究的朋友，按照他自己的說法，證實了在多爾切斯特附近出土的地下文物至少要比現在公認的時期早上五百年。他是花了一、兩年的時間才發現這一點的。我想，人類在某種層面上會從這個結論中獲得好處。但另一方面，這位研究者好像失去了人生中最美好的東西。人生是一個不斷接受教育的過程，那些活過、愛過、哭過或是那些感知到美好事物、同時感受到世界上那讓人驚訝且神奇的祕密之人 —— 他們都能明白上帝的某些旨

---

45 多爾切斯特（Dorchester），英國英格蘭南部城市（多塞特郡首府）。

意。當他們對這個世界合上雙眼之時，懷著一種敏感、抱著希望以及一種認知與真誠的精神，在期待下一齣戲劇的開幕。但這位文物研究者，當他踏上通往未知世界的門檻之時，當其被問到自己與人生的關係之時，將會意識到，除了對多爾切斯特出土的文物的日記及類似的歷史事件之外，自己真的是一無所知啊！

　　在人生所有易逝的華章中，到目前為止，最為有趣與最精妙的部分，就是我們在一條朝聖的大道上，與其他人靈魂的關聯。人們急切想知道別人是如何想的 —— 他們所抱有的觀點、他們的動因，他們形成觀點的素材源於何處 —— 冀望以此在道德層面上不去討論別人的個性，這就好比用那些僵硬與清教徒的方式來限制興趣、困囿經驗、糟蹋人生。對別人的批評或是討論並非是人生興趣的一個緣由，而是一個象徵。任何一種形式的衝動行為都不能衝破所謂的「法典」及「法令」的限制。我們沒有必要為這種習慣正名，正如無須為我們的吃喝及呼吸一樣找什麼好理由。我建議大家做的一件事就是就此制定某些規則，並且定下一些訓練的方法。那些不想討論別人或是不贊同的人，一般都會被認為此舉是愚蠢的、自我中心主義的或是偽善的，有時或是三者皆有。我們心中要謹記的原則就是公正的原則。若一人惡毒的談論別人，一心只想從別人的毛病或是靠挖掘別人的缺點來抬高自己的病態心理來取樂的話，這無疑是最低等的一種了 —— 這也說明了人類的一些行為是多麼的可鄙與汙穢。那麼在這種情況下，人們就該明確無誤的表示否定，可能的話，應該盡量避免這樣做。但某人若是對人

性有正確的評價，若他讚美的是那些宏大與高貴，讚許的是善良、力量、美好、精力以及憐憫，那麼他的一些錯誤認識，一時興致或是習性、成見甚至一些過分的舉動都會有一種幽默的認知，這不會影響他的談話。事實上，若我們能肯定某人是大度與公正之人，他的一些小習性、癖好或是行為方式，大部分還是為我們所喜愛的。慷慨之人有些小「癖好」——厭惡切斷包裹上糾纏的繩線，喜歡把細繩裝進抽屜，因為解開這需要很多的時間的話，在我們的心中會顯得更為可愛。若我們知道某人是一位心地淳樸、寬容大度與認真的人，當他將同一個故事講上第五十次之時，在講述之前急切的詢問大家，誰之前有聽過這個故事，而大家則是微笑不語。這會讓我們更喜歡他。

但我們不能讓這種喜愛的心理趨勢以偏概全，把對朋友的愛升至盲目的地步。我們必須要清楚一點，朋友在我們看來可親的小毛病本身應是無害的。

另一種特殊的表現形式則是，在批評別人的時候顯得一本正經。這種毛病時常出現在許多文人身上。特別是有許多作者會認為，這是他們作為評論者的首要責任——他們希望在社交中，人們能將他們稱之為藝術家——以此來擺脫是非對錯的感覺。某天，我在閱讀一篇有情有理的鑑賞評論，這是對盧卡斯（Edward Verrall Lucas）所寫的查爾斯·蘭姆自傳的評論。評論者對盧卡斯的文章做了中肯的讚揚——其中當然是有關於琴酒的。「我害怕自己狹隘的觀點會為蘭姆平靜的生活抹上陰影。」一個人必然是很有理據才敢對查爾斯·蘭姆的「唯一」缺點做出責難與批評。我們是應該譴責喝酒這種行為，但不能

譴責查爾斯・蘭姆本人。他那熠熠生輝的美德、柔和，那驚人的甜蜜及如自然般的純潔，這些都遠遠蓋過缺點。但我們要怎麼做呢？我們是忽視、寬容然後再讚揚這種習慣？我們是否因為他喜歡喝烈酒就愛他更多？或是若他不喝酒，他的形象就會更為可愛呢？

事實上，人們可能會覺察到相似的錯誤及道德上的弱處。當我們看到優點之時，不應讓別人沉湎於其缺點之中。這種缺點本身並不是值得讚揚的，不管具有這種缺點的人是否具有如蘭姆這樣的天才，都是如此。

我們完全有權利指出別人的缺點，而我們也要坦誠面對自己的缺點。若我們對別人處處給予原諒或是寬恕，實際上也是無用的。我們以寬容別人重大缺點這種方式去愛別人，這實在是讓人討厭的感傷癖。若是因為某人是名人，我們就該原諒其缺點，或是因為某人默默無聞就譴責他，這只是一種自大的表現。憐憫罪人或是不為自己找藉口，這才是正確的。但我們不應愚昧與非理智的愛別人。我們甚至不能憑藉一己之力，一廂情願盼望自己偶像的缺點會自動消失。

我承認一點：人類對最細微事物最為微弱與細膩的興趣，與別人的生活及習性是息息相關的。我不能忍受在一些高貴達人的傳記中，刻意不肯放下身段去描述一些個人的細節，而只是講一些大眾都知道的事情。當我閱讀這些書籍的時候，感覺自己好像是在閱讀某個政治家的年鑑或是年表。這些英雄在我內心裡沒有一絲的影像殘留。他們就像身穿著雙排禮服及長褲的銅像，裝飾在倫敦廣場上的某一角。

某天，我在閱讀一位牧師的自傳，其中講到一名著名的教會人士參加一位主教的葬禮。之前，他們倆在一些宗教議題上存在一些技術性的爭議。那天晚上，他在日記中用美麗的文字記述這場葬禮。我在這裡引述一段：（相比之下）我們的分歧是多麼的微不足道啊！他所具有的力量及堅定的信心讓我是多麼的為之動容啊！我是多麼的不介意他曾在《自律條規》（Discipline Bill）中犯的過失。在那個夏季裡，他與我們度過了一個多麼愉快的假期啊！所有的家庭成員都告訴我，他對我的女兒海倫是多麼的照顧。

　　這完全才是人類正常情感的展現：一種適度的合宜感。在死亡面前，人類間所展現出的善良比任何政策或是政治都更為重要。

　　在總結之時，我想說，除非我們能坦誠的說：「我認為人類之事沒有什麼於我是漠不相關的。」[46] 否則，我們不可能體會到人生的充盈與飽滿。若我們只是專注於工作、商業活動、文學、藝術或是一些人造的政策，將人與人之間的因素排除掉，我們就是在剪短與糟蹋自己的人生。我們雖不可能解開這個紛繁複雜世界所包含的所有謎團，但我們可以肯定一點——我們在帶著興趣與別人交流過程中，在喜歡與所愛之中，在柔和與歡愉之中，在悲傷與痛苦之中，我們絕不是毫無所得的。若我們想最大限度的享受人生，就不能讓自己隔絕於這些事情。我們所要做的最為簡單的「責任」就是要了解別人的觀點，以一種大愛去憐憫別人。這種憐憫只有在透過從整體

---

46 原文是拉丁文：Nihil humani a me alienum puto。

中觀察人性才能獲得的。我們不能任由自己被錯誤的良心、傳統、愚昧甚至是愛慕所蒙蔽。一廂情願的接受愚昧是所有缺點中最為可怕的，也許是最難以寬恕的，因為這讓人們在觀點中摻雜著盲目的自信、自我滿足與自我抬高，正如一簾不透明且汙穢的帷幕，阻塞從靈魂深處散發出靈光的大門。

單元 12
談「野心」

約翰·米爾頓[47]有一句關於野心的名言：

「高貴心靈最後殘存的缺陷。」

我覺得這句話在歷史上是造成眾多危害的原因之一。因為這鼓噪了許多雖有大志但心智不明之人，他們認為野心是一個高尚的缺陷，或至少認為他們並不需要擺脫個人的這種野心，直到他們控制了所有其他邪惡的傾向。我想米爾頓的意思是，野心是一種難以擺脫的缺陷。而難以擺脫的個中原因在於，這是一種很微妙與真誠的精神，有許多光芒四射的光環罩著，排列著盞盞燈火。那些想要在世俗追名逐利之人會很自然的把自己的追求或是想要身居高位的欲念，看成因為自己想要施展有益的影響以及所能做的善舉。這些都會自然從他身上射出，正如太陽發光一樣。當然對於一個心靈高貴之人來說，這是身居高位的人所能獲得的很實在的樂趣。但他要肯定自己動機，即自己是要有善舉這種行為，而非為了獲得善舉的好名聲。我不只一、兩次被野心的火焰灼燒過。而關於這一主題也常在我的腦海中思考。但我以往所獲得的經驗卻與我的預期完全是兩碼事。儘管我認為，這在實際上是很正常的。我會勇於把它們記錄下來。當我們真的仔細觀察某位身居高位之人的時候，我們會看到很有趣的一面：那就是高位所帶來的優勢及方便都消失於無形，這是讓人事前預想不到的。我覺得，一種尊嚴以及重要的前景將會模糊的支撐著。一位著名的諷刺家曾說過，一般而言，助理牧師並不想如主教那樣發揮那麼重大與有益的影

---

47 約翰·米爾頓（John Milton，西元 1608 ～ 1674 年），英國詩人、政論家。
　　代表作：《失樂園》等。

響。首先，他會被稱為「我的主人」。在我從小長大的時候，時常會與一位夥伴玩耍，而現在他不知怎的成為了一個身居要位之人。我經常與他在一起，對他的性情也是有一些了解。我可以懷著某種羞愧心坦誠道，在我看來，這個職位所帶來的尊嚴、權力感以及人們對此的尊重，都是一杯看上去甜美的毒酒。某天，我與一位著名的高級教士在一起。他的身邊有三位助理牧師。他們在教士身旁等候，正像蜜蜂盤旋在花朵之上。他們用一種單純的眼睛看著教士勻稱的身材，卻又覺得有點奇怪。正如卡萊爾所說的，他的那頂閃閃發亮又奇形怪狀的帽子。我情不自禁的在想，他們若是穿上這身衣服的話，那會是什麼樣子。當然，這是一個幼稚的問題。但在層層假裝的掩飾之下，我們兒時幼稚的想法能殘存多久呢？看到一位名人以一種優雅且富尊嚴之態移步到莊嚴典禮的指定位置，周圍有許多富麗堂皇的裝飾，　人群人在凝神注視，還有樂隊奏出如雷鳴般的莊穆音樂，看上去是多麼的震撼人心啊！我們不難想像，處於這麼隆重儀式中央的主角在心中怎能不洋溢著喜悅呢？但我反而認為，在此情形下，任何稍有理智之人都會被一種脆弱感以及重大責任所帶來的焦慮所壓倒。過不了多久，人群就可從這位智者的心靈之火中了解到真正的價值所在。在熠熠生輝的榮光中、在勝利之際，這位高貴之人用純潔及高貴的心說出了簡單而又強有力的話。然後，他們就會發覺，其實富麗堂皇的裝飾只不過是人類對真正偉大的某種敬意罷了。整個宏大的場面都是為其服務的，而非讓其中的人為這一場景所壓制。

讓人感到欣慰的是，在我們目力所及的視線裡，所有原本

覺得龐大的場景都消失於陰影之中。實際上不只如此，這也成為了這一職位的缺點。我覺得時間、金錢乃至思想都會被投入於無用且累人的舞臺之上，這只會徒增額外的憂慮，一種讓人憂煩的公開聚會以及難以容忍的某種功用。此上種種，只能帶來精神上的匱乏。我想，那些身處高位之人其實也是最可憐的，因為他們要花上許多時間，而這並非是他們工作的要求，而是其職責所要求一定的儀表之上。我覺得，在刺激觀眾的想像力上，這些東西是有一定價值的。但實際上，這是很沒意義的東西。一位在職的國務卿努力工作，制訂某份詳盡的計畫，以一種謙卑的方式為整個國家造福，這比起那個用絲帶裝飾著自己，在晚宴上鞠躬的同一個人更讓人覺得尊敬。

接下來，我所遇到的是，當我認為自己應該去接受某個重要任務之時，就會想到其中所帶來的憂煩及讓人疲憊的責任。我覺得這是一個重大的包袱，覺得從此自己就要向上帝賜予我最好的禮物 —— 自由告別了，這可是我苦苦掙扎才贏得的自由啊！

我清楚的知道，雖然我努力不讓這種情緒影響我。但我不想犧牲自由的想法確實讓我人為的誇大了眼前所遇到的困難。若我真心希求某個職位的話，這種困難是我本應有意識降到最低才對的。當我發現自己從毋須承擔一項不可能任務的責任中解脫出來的時候，這是一種多麼舒暢的感覺啊！我自己也明白，自己沒有心思去做某一件事，更是讓我不夠資格。這種不情願的思緒是在對某個職位近期的預測之時，毫無保留的傳達給我的。人們在接受一項重要任務之時，一定要有熱情、期

望，而不是沉重與哀傷。對於所有敏感的表演者而言，在出場時感到神經緊繃或是稍微的怯場，這是再正常不過了。但這相當於要經過一段磨練期之後才能演出自己要演的角色。若是某人並不是真心誠意的演好某個角色，只是從一種責任感出發去做事情，那麼可以肯定的是，這對成功而言是一個凶兆。我真誠與謙卑的覺得，自己不應有一種被強迫去做的感覺。這種信念猶如神賜的直覺，如閃光一般，然後就恢復了一種平靜的心態，讓我覺得自己做的是正確的。我還覺得，世上最好的工作並非管理或是組織的工作，而是個人在某個角落中，以一種謙卑的心態不計回報的完成自己的工作。我自己時刻為這種工作做好準備。我又回到了那條「人生未走之路」[48]。這是通往真誠之心的正確道路。我意識到自己真實且又溫柔的從一個大錯中掙脫出來了。

　　也許，若能用一種更為簡單與寬廣的心境去看待這件事，那麼結論可能就會不一樣了。但這裡面摻雜了性格。整體來說，而其中複雜與細微之處，本身就證明了這是性格之錯。曾有記載說，塞西爾·羅德斯[49]去問艾克頓爵士[50]，為什麼本特[51]

---

48 原文是拉丁文：fallentis semita vitae。

49 塞西爾·羅茲（Cecil John Rhodes，西元 1853 ～ 1902 年），英裔商人，礦業巨擘，南非政治家。

50 阿克頓爵士（全名：約翰·愛默里克·愛德華·達爾伯格-阿克頓，第一代阿克頓男爵，John Emerich Edward Dalberg-Acton, 1st Baron Acton，西元 1834 ～ 1902 年），英國歷史學家、自由主義者，英文常簡稱「Lord Acton」（阿克頓勳爵）。

51 本特（Charles Bent，西元 1799 ～ 1847 年），美國探險家。

這位探險家並沒有說出一些起源於腓尼基廢墟的話語。艾克頓爵士淡淡一笑回答說：「這可能是因為他不太確定的緣故吧。」「啊！」西塞爾‧羅德斯說：「這可不是建立帝國的方式啊！」這是一個很真實、有趣且富於個性的評論！但其中包含著一個教訓，那就是那些沒自信的人絕不要嘗試去建立一個「帝國」或是擔任涉及關係人民福祉的重大事務。

所以，在對人生有了一番閱歷之後，我覺得有必要將那些碎片收集起來，並且進行解讀。這應是我的責任所在。但丁曾將地獄中最低等的位置放置那些拒絕接受重要機會的人。但他所講到的這些人是因為一些錯誤或是低等的動機而固執的接受某項重要任務，儘管他們的能力是毋庸置疑的。但就那些對此抱有希望，希望自己能做正確事情的人，最終卻以一種確信的方式肯定，眼前的重要機會並非他們的機會，這又屬於另外一回事。若是某人沒有那個能力，就不該承擔那麼重大的責任。一位著名牧師臨終在病榻上說出的最讓人傷感的話是，他對身旁的人低聲說：「我占據著一個重要位置，但我卻配不上這個職位。」這也打破了人們之前對他的印象。更為悲慘的是，沒有人願意發自肺腑的牴觸他。在自己能力不夠的時候假裝很自信的承擔一項重大責任，這絕非高貴的自我犧牲精神，而完全是一個錯誤！相比於某人被強行勸服去承擔超過其能力範圍的任務所犯的錯誤，這更是應該受到譴責的。

每個人都有理智、常識及謹慎，這些都是要加以利用的。若是因為那些沒有比你更了解你自己的人慫恿你說，一切都會順利的，而違反了這些理智、常識及謹慎，這完全是一種愚昧

透頂的行為。現在，沉重的責任被人們不費心思的承擔著，因為這種權利與名聲的誘惑力實在太大了。他們把世俗的成功看得過重了。而對於那些舉止正確，並且對自己能力範圍有清楚認知的人而言，若他們了解到自己並不能配得上這個職務，擺在他們面前的一個簡單與明顯的任務，就是懷著謙卑與認真的態度去拒絕一些重要職位的誘惑。

　　當然，我知道有人會指責我是懶惰與膽怯。我也知道人們會把我說成頑固且不切實際的人，總是想著在一條直線上取一條相切線。他們認為我應降級到與那些天生就是根深蒂固的失敗者混在一起。最糟糕的一種「認真決定」是，無論採取哪一步，自己都必然要受到指責。我以一種刺骨般的清醒看到這一點，但我寧願在別人的良心中受到指責，也不想被自己的良心譴責。我寧願拒絕，然後感到失敗，也不願意在接受之後再感到失望。在接受之後才顯露的失敗，無疑是災難性的；這不論是對於自己或是其負責指揮的機構而言，都是如此。更為出色的做法是，將這些任務交給那些自信、果敢、對應對困難的能力有足夠信心，並且還有一種與人競爭的強烈願望的人。

　　若別人與我一樣都深信的話，那麼唯一的疑惑就在於指導我們道路的那偉大與明智的天意。這可以解釋為若是某人不該去做某事，為什麼這件事的可能性又會落在某人身上呢？在我看來，對天意召喚的信仰的真正本質，並非是魯莽的接受任何在我們人生路上所遇到的「機會」，而是應對自身能力有一個嚴肅及客觀的評價。我毫不懷疑，上天讓我放棄一些重擔。我還要從中汲取養分以及其中蘊涵的道理。人們必須要記住一

點，那就是個人的虛榮感的存在。人們不應沉浸的另一個想法就是，不要不計後果的接受某個重要職位，缺乏用謙卑的希望去做有用及有價值的工作。若是我在早年時期能嚴厲的壓制這種傾向，那我現在也沒有必要竭力控制這種趨勢以及承受其所帶來的羞辱。

> 「那已經躺下的人，不必擔心跌倒，
> 　那低微的人，沒有驕傲可言。」[52]

但沒有比這句詩更為警醒與自我流露的語言更能如一面明鏡那般，向世人昭示著內心深藏不露的弱處。

先放下那種「成王封侯」的野心。我們必須注意到，我們並非是對懶惰、一絲不苟或是膽怯屈服，也不會因為大眾的存在而把個人的動機說成是一種超凡脫俗的行為。沒人需要把自己定位在追求高位上。但一個自信度不高或是有點懶惰之人，若是能以順其自然的方式，或許能在一個肩負責任且有一定影響力的位置上做得不錯。有很多天賦頗高的人，他們卻不想去發掘自己的潛能。因此他們也很難知道自身所具有的潛能，這類人我認識不少。若他們能拒絕一些看似是「明顯的機會」的話，均可承擔重大的責任。這類人通常都有某種模糊且富於想像力或是夢境般的心靈，他們有一種沉思的能力，這會讓他們誇大某個職位的艱難或是困難。若他們向自己的性情屈服，就會變得很遲鈍、淺薄，做起事來三心二意、玩世不恭，不願意在一個不為人知的角落裡靜靜的工作。他們在工作時無精打

---

52 出自英國作家約翰‧班揚。

采，而不是精神抖擻。這種性格的害處在於，無論他們做出怎樣的決定，都注定是不會快樂的。若他們接受重任，就會在困難與障礙面前焦慮不安、神經緊繃，難以從容的生活，因此也就失去了從事偉大工作所應具有的朝氣；另一方面，若他們拒絕接受的話，就會因自己的放棄而備受內心的煎熬，他們會覺得自己的無能與優柔寡斷，越想越難受了。

對於這種性格之人，唯一的出路就是要努力認清他們真正的生活定位，盡量追隨理智及良心的召喚。他們不能被成功帶來的喧譁所沖昏頭腦，而應對自己的能力做一個真實的評估。他們一定不能屈從別人對自己能力一知半解的判斷，或是魯莽的承擔一個「只能勉強提起，但不能攜帶的」重任。有時，這種性格之人會出自一定的熱情與激情去承擔重任，但他們要捫心自問：當這種新鮮感褪去之後，或是在預測到前路充滿了需要耐心及不為人稱道的工作之時，他們是否還能一如既往的履行這種責任。高估自己的能力比低估自己的能力帶來更嚴重的後果。一個自我高估的人在困難面前，很容易變得不耐煩，甚至是暴躁。

畢竟，有人說過，謙卑是比自信更為罕有的品質。雖然這並不那麼受人歡迎，也沒受到想像中的青睞。但這是一種應時刻培養的特質。在車水馬龍、熙熙攘攘的西半球地帶，人們應該在毫不知覺的情況下，做到這一點。正如上文所說的，世界上完成的最好的工作並不是那些規模龐大組織下來的工作，而在於每個個體在不為人知的角落中忠實的執行著。誠然，這些組織與負責指揮的人的成功無疑要部分歸結於他們無聲的激勵

工作。但在更大程度上，還是取決於忠實的工人。他們的工作默默無聞，以一種踏實、平凡的奉獻精神落實偉大的設計。在耶穌基督的教誨中，對於那些忠於某個領域的人是有強有力的保證的；而對於那些總是想衝到最前，或是吵著要掌握別人命運的喧譁者則是沒有任何承諾。毋庸置疑，耶穌基督並不承認將野心的價值定位為任何形式的一種激勵。祂所讚頌的人生是那些平凡但又富於愛心的，更加注重精神層面而非知識層面上。耶穌基督也必然同樣認知到，自己不要試圖操縱對別人的影響，甚至不要在世界上留下自己的印記，而是以祂的抉擇的標準、言行、思想的高度留下芳名。祂所要的唯一事情就是一步一步前進，把自己交給上帝，深信其指引，而非自己的設計，遵循直覺而非理性的結論。若人們能獲得這樣的精神，就能以事物真正具有的價值來看待它們。他們也就不會被世界向他渴求的事物拋來的強光所暈眩，而是以一種彷彿在黎明拂曉之時，在一種平白與清晰的光線中看清一切事物，而真正的目標就會開始發出其內在的光線。他可能在最後決定之前猶豫不決，深感恐懼；但一旦做出了決定，就會義無反顧的前進。因為他知道自己受到指引，而上帝已經透過精神上的默許與順暢的舉動，告訴他其所要做的事情。他所要做的只是解釋上帝的話語，然後篤實的執行就可以了。

但若是某人從自己的「野心」中學到了教訓，那麼問題又來了。對於那些被我們寄予厚望的老師們，他們在如何運用「野心」來激勵年輕人的尺度上該走多遠呢？我們面臨的一大難題就是，該在哪種程度上應用低等的動機而不是高等的動機。

因為在尚未成熟的心靈中，這些動機是有很大影響的。我們可以很輕鬆坦率的說：「一個人應時刻受到最高動機的刺激。」但當某人意識到這種最高動機是在年輕人的視線之外，那麼這些所謂的高等動機也就沒什麼動機可言了。那些時刻堅稱要以最高動機來自我滿足的人，這難道不是炫耀學問的行為嗎？也許，人們不難看到，在行動之中的低等理智其本身不失為一個正確的理智。例如，若是想幫一個人戒掉酒癮，那麼最高的動因就是讓其知道，若是沉溺於感官刺激之中，那麼一個人是難以實現其人生的理想。但更為實際的一個動機就是指出這樣做會失掉健康及失去別人的尊重。但若是想激起一個男孩子的「野心」，鼓勵他要有雄心壯志。他是不敢確定這是否會激起男孩錯誤的動機。我們這樣的一個藉口就是，希望讓他明白這種高等的動機，能讓他學會勤奮與堅持不懈，意識到競爭的本性。他會明白競爭中最低等的形式就是不擇手段以犧牲別人來換取自己的利益。這當然絕不是一個美好的動機。在尚未發育成熟的心智中，他們的成功所帶來的部分喜悅源於看到別人挨打，或是自己驕傲的獲得了獎品，而別人卻沒有。若是人們與一位有「野心」的孩子交談，嘗試灌輸這種觀念：就是做人應該做到最好的自己，而不要去管得到什麼結果。那麼，他會馬上意識到，孩子在心中只會認為這只是讓人厭煩的陳詞濫調而已。而這種老一輩人認為很難達到目的的觀念，無疑是對小孩那單純的愉悅潑上一盆冷水。

畢竟，能夠從中獲得深刻教訓的人是多麼的稀少啊！那些成功之人終其一生對那些失意之人蔑視著。他們這樣會讓自己

感到很愉悅，因為這提醒了他自己的成功。但是，我們卻很難找到一位失意之人並不去貶低獲得成功的對手的那些成就，或是至少以一種合宜感克服了這樣的誘惑。他會覺得，自己有必要培養從對那位他羨慕的成功者之前所經歷的種種失敗中獲得某種暗暗的滿足。若是某人看到工作或是性格對一個原本也許是缺乏自信或懶惰之人的驚人改變；若是人們讓他成功的完成某項工作，或是給予他一個機會，並且幫助他掌握住；那麼我們在是否要排除將野心作為一種刺激的時候，就不得不要三思了。也許，只要人們能始終如一的把問題的正面向孩子們講解的話，而對這種動因避而不談，這就有點讓人難以理解，也帶有詭辯的嫌疑。但當人們知道，其實大部分的講解都只是耳邊風而已，而那種低等的刺激動因卻會被吸收。那麼，人們就不得不要猶豫一下了。但我個人以為，這種猶豫完全是沒有必要的。在如何應對尚未成熟的心智之時，一個人必須甘於用一些「不成熟」的動機。父母往往有一種想把對孩子的教育攬在自己手中的傾向，並且覺得這是自己很大的一個責任。我的一個朋友就在這方面犯錯。他在與別人打交道的時候，總是急於承擔過多的責任。當他的過度憂慮已經嚴重阻礙其努力之時，一位經驗豐富的睿智老師柔和的批評他。這位老師說，他應該樂於把一些事情交由上帝來處置。

但對個人而言，我們在人生歷程中必須要努力學到深刻的道理。我們要認識到「野心感」其實就是個人虛榮感及偽裝自信的表現。我們應該以一種適宜的態度、耐心而又謙遜的前行，心中希冀著最好的事物，忠實、勤勉的工作；既不要力求

也不要躲避機會，不要喪失勇氣，也不要一時魯莽。我們要理
解古代希臘這句諺語所蘊涵的道理：一個人最大的災難就是在
敞開心扉的時候，發現裡面空空如也。而正確的將這句格言運
用到生活中去，並非是要我們避免偶爾的「洞開」，而是要確
保若這些「洞口」不可避免的打開了，我們不應忙於修補首飾
盒，而應小心翼翼的用手拾疊其珍寶，供人欣賞。

單元 13
淺談「簡樸人生」

時下，人們經常討論關於簡樸人生這一話題。雖然我不認為我們的生活方式會有向這方面發展的趨勢，但從人們所聽到的多方討論都可證明一點：他們對這一話題是很感興趣的。

其中部分原因無疑是某些人在裝腔作勢。我認識一位非常富有魅力的女士，她總是把這個話題掛在嘴邊。而她實踐簡樸生活的方法也是很有趣的。除了她已擁有的兩三棟宏偉的住所之外，她還在鄉村的幽僻處建了一棟鄉間別墅。為此，她花費頗多。別墅的裝潢散發出一種莊穆的樸素質感。一年中，她大約有三次左右會坐車來這裡，每次也就小住三天而已。隨同她一道的，還有那些與她一樣喜愛簡樸生活的兩、三個朋友。某天，我很榮幸可以參加這樣的聚會。在一個心緒複雜的人眼中，唯一有點簡樸的象徵就是晚餐上的五道菜。我們用相當古式的長杯來喝香檳，兩隻山羊繫在花園的一個角落裡。我覺得山羊應該算是簡樸生活的一種符號或是象徵了吧。這些山羊在那裡雖沒什麼用處，但牠們卻是決定著一種生活方式：若是沒有牠們，生活就立即變得複雜冗繁了。

當我們再次乘車到那裡的時候，那位迷人的女主人在小屋外向我們招手致意。當我們來到轉角，她嘆了一口氣，好像被命運操縱而不得不放棄她所喜愛的鄉村設施。之後，大家坐下來，興致飽滿的談論著接下來幾週社交活動的安排。當然，這是很讓人愉快的。我們整天都在談話，在閒逛，讚美著簡樸生活的妙處。在青青綠草的鄉村裡，我們參加了在教堂裡的晚間服務。我們比平時提早一個小時吃午飯。因為在早上八點鐘的早餐到晚上七點鐘的晚餐期間，安排著各種有趣的活動。一

次，我去問這位女士，若她在鄉村裡相對孤單的生活半年，她會感覺如何。她滿懷情感的說：「我會喜歡得不得了。我願付出我的所有來這樣做。」「但是，總有一種責任感讓妳不得不離開，是吧？」她聽了之後，只是無奈的搖著頭，露出哀傷的表情。

　　我不禁在想，那些時刻討論著簡樸生活的人，到底是否真的知道這意味著什麼。我並不認為這位女主人對此的希望完全是一種裝腔作勢。像她這樣生活在時尚中心的人，必然會對這樣的生活感到厭倦。她總是不停的與相同的人打交道，聽著相同的故事、同樣的笑話。她並非一個明智的女人，儘管她對書籍與音樂有著自己的獨特的品味。她所居住的環境讓其必須時時改變與別人的關係 —— 親疏、喜惡、愛恨、冷暖等。而在這種不斷變換的場景中，無盡的娛樂或是到鄉村走一趟，社會的沉浮，這都是性別之謎。除了自我娛樂之外，沒有其他事情可做。她們沒有明確的責任，對知識的興趣也並不濃厚。所以對世上最重要的力量 —— 愛的激情念念不忘。這種討論在繼續。在外人看來，這是很無聊與沉悶的，但卻有一種沉潛的影響。他們所說的並不重要，重要的是這種方式、眼光及語調，而這種電流般的情感，在她們生命中的許多年裡，都是這些端莊與平和女性本來的性情。男人無意中闖進來了，之後要出來了。因為，這只不過為她們提供了一個美麗與動人的一集罷了。男性對體育、農業、政治、商業都很感興趣，但女人們卻不然。情人與丈夫，一些閨中密友 —— 這些構成了她們某個時段生活的全部。也許還有一種對孩子那種平和與純真的愛，

以及成長過程中孩子所帶來的煩惱或是樂趣，這些都以一種寧靜及柔善的感覺填充她們的心靈，儘管這不能算是激情的。所以，隨著生命的流逝，大限之期也在迫近。

因此，相對於女人而言，男人更能過上簡樸的生活。因為他們認為專注於某些明確及實在的職位是很自然的。畢竟，簡樸生活的本質在於，人們可以在任何環境及背景下生活。這並不需要一棟鄉村別墅或是一輛汽車。若這些都是自然的，那也是無妨的。

我想談談自己對簡樸生活本質的一些看法。我覺得，這是根植於人類精神的深處。在生活之中，首要的前提就是要做到性格上的完全坦誠，這意味著許多東西：意味著靈魂的一種愉悅性情；一種清晰感及性格的力量。真正簡樸的人一定不能模糊視線或是猶豫不決，被欲望或是轉瞬即逝的情感所搖擺。在待人接物之時，他會流露出一種真誠與坦白；他要遠離一些無謂的欲念，要有廣泛的興趣；他需要有著認清事物與事物的睿智。他還需要有一個直截了當的觀點，他必須要堅信直覺與信念，而不只是發現別人所想或是有樣學樣。總之，他要免於世俗的局囿。真正簡樸個性的本質特徵在於，一個人應該接受其所在環境及周遭的條件。若他出身在凡世之中，就不必想著要飛離這個世界。我所說的這種性情具有喚起真誠與簡樸性情的神奇力量。這樣的人會傾向於認為別人也是一樣直率與真誠，他不會全然誤解別人，因為別人與他在一起時，也會變得簡樸起來。簡樸之人會有一種強烈的責任感，而非偽善的。他可能讓別人也要有相同的責任感；他不會時常感到自己必然會與

別人的意見相左，需要自己時刻克制憤怒的情緒或是對別人的一些錯誤與自私的偏見。他不會迷信也不會嫉妒。但他並不一定是一位宗教意義上的人。因為他心中的宗教信念更為重要，而非技術上。那些堅持宗教在技術上表現的人會說，我們應時刻注意宗教儀式，要真心受到牧師的影響，並且將這種影響當作一種情感的教條 —— 這意味著要有一種強烈的藝術感，通常這是任何追求簡樸之人都要剔除的。但另一方面，簡樸之人有著一種強烈的責任感 —— 一種對上帝意志及其崇高目標的篤信。

　　因此，簡樸之人很少會是那些刻意追求休閒之人，因為他們想要做的事情實在太多了，而也覺得自己有責任這樣做。無論他們專心做什麼事情，都會以飽滿的精神去做，堅持不懈，戰勝疲倦。他個人的欲望不會很強，不會吝嗇該花的錢。但別人有需求的時候，他會慷慨解囊。在奢華中，他會感到焦躁不安。他喜歡在戶外或是在鄉村走一下，目的只是想鍛鍊一下筋骨，以求獲得一種健康與活力的感覺，而不想從中要獲得某種樂趣。他從不會問自己該如何度日這樣的問題，因為眼前的每一天，未來的每一天都在期望之中被填充得滿滿的。他會順其自然的工作、享受其帶來的樂趣。他不會急於制訂計畫或是準備參加聚會，因為他希冀在平常的生活中發掘他想要的興趣與樂趣。總之，他是一位心地善良、友好與無畏之人。他不會對別人抱有幻想，或是輕易拋棄某位朋友。他是一位彬彬有禮的人，對別人的缺點十分友善，對別人的尷尬予以理解。他喜歡小孩、幽默、喜歡微笑、性格平和。若事情並沒有如預期那樣

發展，他也不會無病呻吟，也沒有時間去焦慮不安。

在各行各業中，我都認識這種人。他們所做之事是值得信賴的，他們明白別人的難處、同情幫助別人。這些優點的一個本質在於是在一種沒有自我意識的情況下完成的。若是我告訴這些人，說他們的生活與別人很不一樣，他們是會感到很驚訝的。

自然與簡樸並非是藝術與知識天賦相結合，若是這兩者結合起來，這無疑是世界上最完美的組合了。

對簡樸構成致命打擊的一點，就是希望激起別人對此的關注。在文學上，最為人注目的例子要數梭羅 [53] 了。他被許多人奉為簡樸生活的宣導者。無疑，梭羅是一位有著極為簡樸生活品味的人。他吃喝都很隨便，從不強求。他對沉思自然是極為感興趣的。他喜歡把自己從紛繁複雜的世俗中解脫出來。可以肯定的是，他最討厭那些麻煩之事了。他還發現在一年之中，只要工作六週，他就可以賺取夠他在森林木屋中餘下 12 個月的費用了。他親自做家務，不多的積蓄只夠他買一些食物與衣服或是小額的開銷。但其實梭羅是懶惰，而非簡樸。破壞他的這種簡樸行為，就是他時刻希望別人能夠過來探望或是敬仰他。他彷彿時時從蔭蔽的角落裡探出如鼠的閃亮眼睛，看看是否會有那些陌生的拜訪者在附近盤桓，是否在觀察著這位隱士的沉思狀。若他真的樂於簡樸，就會靜靜的過自己的生活，不

---

[53] 梭羅（Henry David Thoreau，西元 1817 ～ 1862 年），美國散文家，自然主義者。代表作《湖濱散記》。在這本書中，他力陳簡樸生活的重要性，說過：我們的生活都被耗費在細節上，簡樸，再簡樸一些。

讓別人對自己的看法來打擾自己的清閒。他發覺屬於自己的「簡樸」是很有趣與值得沉思的主題。他總是在玻璃窗上端詳自己，向別人講述他所見到的那些粗獷之人、皮膚黝黑之人或是那些衣著邋邋遢抑或嚴肅之人的種種。

　　事實上，梭羅賺錢要比一般的藝術家更為容易。當梭羅寫下這句著名格言：「人活於世，應是詩意的棲居，而非悲慘的過活」[54] 的時候，他並沒有說明自己在機械方面的天賦。他是一位優秀的土地測量師與作家。而他本人也是一位獨身主義者。若他有妻子兒女的牽絆並且沒有這般技番工作的話，無疑他會發現自己也要像別人那樣辛勤工作。

　　梭羅有一種本身可以稱為節儉的品質 —— 他並不關心社交。他說自己「寧願在地獄中孑然一身，也不願在天堂上聚眾歡愉」[55]，可見，他並非一位樂於社交之人。而社交本身就需要昂貴的花費。當然，他也有一些知心朋友，但看上去他打死都不想去見他們。他是一位有許多美德、缺點很少的人。但他在與那些追求新奇之人在一起之時，最為舒適。他不會迴避這些人，而是時刻想與這些人會面，與小孩交談、玩耍；但另一方面，社會好像與他毫不相干。雖然他是一位很公正與富有美德之人，但有人對他卻有相當不佳的評價。「我愛亨利，」他的一位朋友說。「但我不能像他那樣。因為當我把手搭在他的肩膀上，我馬上覺得自己是靠在榆樹的樹根上。」實際上，梭羅是一位有著強烈幻想及喜好的自我主義者。雖然他是一位禁欲

---

54 原文：To maintain oneself on this earth is not a hardship but a pastime.

55 原文：keep bachelor's hall in hell than go to board in heaven.

主義者，但他卻不能稱為一位簡樸之人。因為簡樸的本質在於不要過分對待某一個業餘愛好。關於簡樸這一點，他所想及所說的實在是太多了。事實上，簡樸，如謙卑一樣，都是不能與自我感覺並存的。當某人一旦意識到自己的簡樸與謙卑之時，他也就不再簡樸與謙卑了。你不能像烏利亞・希普[56]那樣，透過時刻提醒別人你的謙卑，才讓自己變得謙卑。同樣，你不能以故意炫耀的做法來讓自己變得簡樸。簡樸之人在做事情的時候是沒有那麼多的顧慮的。

事實上，那些對簡樸最為喜愛的人，其本性往往是最為複雜的。他們對自己的複雜感到厭煩。他們覺得，若是能制定一定的生活規則，就可達到靈魂的一種平和狀態。而事實上恰好相反。一個人若是在心靈中變得簡明，一切就自然而然變得簡樸了。若是人們能望峰息心，將社會上的一些所謂的威望、排場、期望別人讚揚的心態統統清除，他的人生馬上就能進入一種簡樸的心境。因為維持表面的形象是世界上最昂貴的事情。若是人們認為通往簡樸之路，首先就要過上類似「茹毛飲血」的原始生活，這就好比一個人的髮型與丁尼生很相像，然後就幻想著自己就是一名詩人。禁欲是簡樸的一個象徵，而非其原因。當人們具有了簡明的思想與心態，當他們專心做好自己手中的事務，而不去想名聲的問題，那麼，他們就能很容易的獲得簡樸的生活，這也就變得很普通了。

---

56 烏利亞・希普（Uriah Heep），英國著名現實主義小說家查爾斯・狄更斯（Charles Dickens，西元 1812 ～ 1870 年）所寫的《塊肉餘生錄》（David Copperfield）中的一個人物。這個人物是虛偽的謙卑、卑躬屈膝及虛情假意的化身。

單元 13 淺談「簡樸人生」

　　簡樸的生活風潮不是當前的一股趨勢就能帶來的。對此構成致命打擊的，是讓人們公開討論這個問題。這其實只能被個人在相對孤獨的情形下才能完成的。某天，我的一位朋友說了一個夢境：她語氣柔和的為服務理念辯解，但在她說完之後，她的同伴說：「說實話，我並不認為人們可以被作為一個整體來激勵。」這是一句有點費解的話，其中蘊涵著深邃的真理——救贖不會在一個公共場合中發現，把一些人聚集起來，然後與他們談論關於簡樸生活這個話題，這無疑是丟掉了那種「隱士般」美德的魅力所在。

　　最糟糕的是，我所談論的這些真正的、實際可行與道德上的簡樸生活，對於這一代喜歡運動與興奮的人們來說，根本沒有什麼吸引力可言。他們所希冀的只不過是一幅如夢如幻的場景。簡樸的生活對他們而言，正如忙碌生活一個及時的幕間休息時間。他們並不想領略其全部內涵與持久之美。否則，他們會認為這是很無聊的。

　　因此，那些真心希望獲得平靜及對平和迷戀的人，這種實踐是在每個人的手中。在簡樸之中要能從自然中獲取歡樂與熱情。人們必須要把自己的經驗置於自身人生的遭遇之中。若他喜歡自然的面目，喜歡書籍、同伴，最重要的是工作；那麼，他完全沒有必要跑到野外追求一種超脫塵世的先驗理想。但對那些精神如旗子孤獨垂掛的人而言，他們睜眼看世界，想著他們自己會怎樣做；他們喜歡談話、笑聲、樂趣。他們想從酒精中以及那讓人陶醉的歌聲中獲得樂趣。那麼，最好就不要假裝在鄉間小道上漫步，或是在粗莽的牧場附近滿溢的小溪旁戲

水，抑或從林間空地中吹來颯颯涼風中追求簡樸。若我們想成功的獲得簡樸，就要有一定熱情的本能，而並非一種如夢如幻的好奇感。一味哀嘆自己沒有時間去掌握「靈魂」是徒勞無益的。否則，當自己到內心深處窺探一下的時候，就會發現裡面結滿了蜘蛛網及堆積了厚厚的塵埃。

單元 14
論「競技之樂」

在今天這個時代，談論競技體育要比寫一些「十誡」[57]之類的文章需要更多的勇氣，因為人們給予的評論好似給人這樣的感覺：「十誡」這類的寫作只是一種品味的展現，而普通的英國民眾則認為競技體育是一項事關信仰與道德的事情。

首先，我要聲明一點，自己並不喜歡競技體育。我之所以這樣說，並非因為我個人喜惡的緣故，而是要為反對社會的這種專制豎起一面反抗的旗幟而已。我知道有很多人其實對競技體育都不是很感冒的，但不敢直接的表達出來。也許有人會認為，我的這種觀點是站在一個不熱衷體育之人所站的角度來闡述的。人們在腦海中就會形成這樣的一種情景：一位戴著老花眼鏡、面容嚴肅的老人在足球場上屠弱的走著，極力想避開那個滾來的球，在參加一場板球比賽或是在野外兜兜風，只是想在地面上捉些昆蟲，抑或是在一隻固定船槳在下巴之上的船上，面帶微笑，一臉清高的划著。我必須要澄清一點，事實完全不是這樣的。其實，我在幾項運動中都達到了相當的競技水準。我是一位有一定實力的槳手，雖然對此也不是具有很強的天賦。我曾擔任過大學足球隊的隊長。我敢說，自己從足球獲得的樂趣要比從其他運動中多上許多。我也攀登過一些高山，自己還是阿爾卑斯俱樂部[58]的成員呢！我還想說明一下，自己算是一位身手敏捷的運動員，雖然不是很有運動天賦。我很熱

57 十誡，據《聖經》記載的上帝耶和華藉由以色列的先知和眾部族首領摩西向以色列民族頒佈的十條規定。猶太人奉之為生活的準則，也是最初的法律條文。這裡泛指一些關於道德上的著作。

58 阿爾卑斯俱樂部（The Alpine Club），西元 1857 年在倫敦成立。世界上最早成立的登山俱樂部。

衷於戶外鍛鍊。我做這樣的坦誠，只是想說明我在談論這個問題的時候，並不是站在一個不喜歡運動之人的觀點之上的，而是恰恰相反。在我看來，沒有什麼壞天氣是不足以外出的。在一年之中，也只有十多天是我沒有外出鍛鍊的。

　　但在戶外鍛鍊是一回事，競技則又是另外一回事了。我認為，若一個人的年齡到了需要深思熟慮的時候，他就應不再需要競爭的刺激，在打球或踢球的時候就不會總想著自己要比別人厲害等。專業運動員的有序組織訓練是一件相當嚴肅的事情，因為這讓運動員必須要在興奮點的刺激下才能有好的發揮。某天，我在鄉村的一棟安靜的房子裡住著，在那裡沒有什麼事情可做。奇怪的是，居然連高爾夫球場離這裡也很遠。一位著名的高爾夫球手在這裡也待了幾天，他的心情低落到了極點。單單是散步或是騎自行車對他而言是乏味的。我想，他除了在花園裡踟躕的踏著步之外，就從沒離開這間房子。在我當校長期間，在聽到一些家長們以一種嚴肅認真的態度談論著孩子的競技水準時，我不禁為之發愁。有人說，某個孩子很有運動天賦，有成為優秀擊球員的潛質。家長們急於詢問自己孩子能否接受更為專業的指導。而一些稍有哲學頭腦的家長們則會說，成為一名優秀的板球手在社會上所具有的種種優勢。聽他們的談話，好像美德在某種程度上與競技上的能力是不可分割的。倘若有一位父母關心孩子智力上的興趣，就會有十位父母對孩子的競技能力表示急切的關心。

　　因此在父母殷切的期望下，孩子們也很自然的把競技體育上的成功看成人生中一個重要目標，這也就不足為奇了。這其

中交織著社會上追求名望的野心。我可以肯定的說，在他們看來這比其他事情都更為重要，而對他們作為學生的本職工作並不盡心。實際上，他們所想與所談的都是關於體育，只有體育才能激起他們心中的熱情。因此，他們也很自然的鄙視那些不善此道的同學，無論他們多麼的具有道德、多麼善良、聰明；對於那些優秀的運動員而言，在學習上漫不經心，甚至在道德上有些劣行都是可以原諒的。我們作為老師，不得不承認我們沒有努力去扼制這種不良的趨勢。在我們的業餘時間裡，基本上都是在板球場或是足球場上溜達，觀看著、討論著各個球員踢球風格細微的不同之處。老師對在孩子們心中占據重要位置的事情產生興趣也是很自然的事情。但我所批判的一點是，這其實是我們需要引以為警醒的事情。我們在此事上並沒有像熱衷者或是鐵粉擁護者那樣，給予他們慈父般的關懷。

要想改變這種情形，可謂困難重重。也許，正如我們國家其他根深蒂固的頑疾一樣，都是會自癒的。而要教育者本人壓制其對競技體育的本能熱愛，然後貌似正經的講一些他們自己都不感興趣的知識給學生，這是很不現實的。在這種情形下，任何偽善的行為都是徒勞無益的，無論其出發點是多麼的崇高。我們這些教育工作者一有空就跑去打高爾夫球，在假日裡用各種體育活動來填充時間，要想掩蓋這個事實確實是過於虛偽了。家長與學生都認為，競技體育是極為重要的。校長也或多或少會看重那些優於此道的學生，這就更加增添了我們想扭轉這種趨勢的難度。在學校裡，無論做什麼都會涉及到競技體育。更有甚者，一些孩子們所仰慕的學生運動員在執行紀律方

面比老師更為有效。一位頂呱呱的投手對修昔提底斯[59]及歐幾里德[60]的看法，在孩子們心中比一位已獲得了大學學位的人的觀點更為重要。某天，有人告訴我，一座規模不大的私立學校校長的遭遇。他的一位助手工作懶惰，竟然還公然蔑視他。這位助手疏於工作，不僅在教室抽菸，偶爾甚至還不辭而別。有人就不解了，為什麼這位校長還不解僱這位如此放肆的助手呢？這是因為助手指導著大學板球隊的每一位運動員。他本人的存在可以為來此參觀的父母增添不少信心，而且還能產生一種極佳的廣告宣傳效果。而站在這個助手的角度，他知道自己在別處也能獲得類似的職位，並且還想在一個讓自己更為方便的學校工作。當然，這是一個比較極端的例子。詹森博士曾說，天啊，但願不會出現這樣的情形。我並不是針對運動員，也不會貶低戶外運動對身體處於發育過程中的孩子的益處。但可以肯定的是，我們在對整件事的看法上所表現的輕重之分是多麼的失衡啊！事實上，我們英國人在很多方面仍舊是一個尚未開化的民族，現在，我們也只不過碰巧成為稍微富裕點的「野蠻人」。我們應把時間、精力用於真正需要關心的事物上。我不希望看到人們對競技體育熱情的消減，或是以一種不冷不熱的態度去投入。我只是希望看到，這種無限擴張的趨勢能得到適度的扼制。我認為，若是某位學生在學習上用功或是對書籍產生興趣，這並不該被視為古怪。我希望在學校裡，有一種

---

59 修昔提底斯（Thucydides，約西元前 460～西元前 396 年），古代希臘傑出的歷史學家，代表作：《伯羅奔尼撒戰爭史》等。

60 歐幾里德（Euclid，約西元前 330 年～前 275 年），古希臘著名數學家、歐氏幾何學的開創者。他的著作《幾何原本》是歐洲數學的基礎。

能力是被讚賞的，那就是熱情與靈敏，無論這種能力是展現在哪個方面上。但現在只有那些在競技體育中身手敏捷才被認為是值得讚揚與英勇的，而在學習與書籍所表現出的熱情則被視為是低下與自負的。

　　而同樣的精神也影響著我們稱之為「體育」的領域。人們不再將其視為一種放鬆身心的休息，而是作為一種商業行為。若是射擊遊戲沒有競技的比賽，許多人是不會接受這個邀請的。一位水準一般的槍手若是想休閒的射擊幾槍，這都會被視為某種「犯罪」。在今時今日，人們對汽車競技的熱情好似又勝於對高爾夫的狂熱。許多人在空閒的時間裡，都靠著打橋牌來填充時間。而解決這一問題的困難之處在於，這本身並不是有害的，實際上還是有益的。人們有事消遣當然要比無所事事好多了。我們很難去反對那些只是在過猶不及之時才會造成危害的運動。

　　我個人只會把競技看作萬不得已的消遣手段。我寧願出去散步一下也不願去打高爾夫；看本書也不願去打橋牌。我認為玩橋牌其實只是比絕對意義上的空虛談話好上一點而已，這無疑是世上最累人的事情了。奇怪的是，雖然無所事事被認為是有害的，但人們去參加競技體育卻被視為是積極有益的。我篤信一點，競技體育中的競爭始終是一件讓人愉快不起來的事情。在現實生活中，我是很討厭它的。我不知道人們為什麼將這種因素引入到娛樂活動之中。若是某項運動讓我玩得開心，我並不怎麼在意自己是否玩得比別人好，也沒有動上要比別人相比較的念頭。

　　我要坦白的說，鄉村的景色與聲音都足以為我帶來卑微的愉悅。我喜歡觀察在每個柵欄與每片田野上奇異與美麗的事物。春天裡小灌木叢的抽枝，就足以為我帶來樂趣；樹莖上布滿條紋，在金黃的秋天火紅渲染之時，那種感覺美妙極了；在仲夏之時，看到一道清澈蜿蜒的清溪在厚密的榛樹周圍流淌，溪流下面則飄搖著水草植物，這又是何等的怡然啊！看到同一條小溪水流滿滿的前行，有點淡褐的樣子，兩岸有點蒼脊，木葉已脫，霜露覆蓋著牧場，這何曾不是一種舒暢呢？舉個例子說吧，我覺得射擊中所得一半樂趣源於我自身的某種童趣。射擊四周是輪廓鮮明的田野上的殘留的稻梗，我喜歡在腳踏稻梗時發出的那陣沉重的啪啪聲。松葉林則把那古色古香如玫瑰般的漿果掛在枝頭上，野兔在灌木叢中輕盈奔跑著，在這冰霜的空氣中，好似嗅到一位獵人在遠方正要叩響扳機。鄉村之樂在我心中時刻俱增。我喜歡在春天的小道上閒步，白色的雲層懸浮在蔚藍的天際之上，一眼望去，林間空地被鋼藍色的風信子鋪成了一層地毯；在夏雨傾盆的午後，當天邊布滿了墨黑色的雲翳，地表上散發出一種清新的香氣，我喜歡在鄉間小路或是叢林小道裡漫步。我喜歡在冬天暮鼓時分，碎步返家。此時夕陽已將西天慢慢熏燒，野雉在棲息處孤聲鳴叫著，偶爾還能見到一串燈光從鄉間小屋的窗櫺前投射出來的朦朧。

　　這種樂趣是每個人都能獲得的。那些把鄉村生活稱為無趣的人完全是因為他們沒有用心去觀賞。在同一片田野上，他們圍繞著一個小白球不斷的擊打與追尋，同時還精心設計一些障礙以考察選手的能力與氣質。在我看來，若這不能稱是無聊，

也算是滑稽可笑了。

　　有時，當人們為一些貌似適合自己的事情而搞得焦頭爛額的時候，當他們意識到自己眼前所做的並不能成為工作的時候，我不禁在想，競技遊戲只是在無憂童年的時候才適合的。當人的年紀大了，也許會變得更為睿智。一種更為簡單、更為閒淡的興趣就會自然的生發。我可以很誠實的說，這並不意味著熱情的喪失，現在我所享受樂趣的能力要比早年時期更為深刻與強烈。我在上文所談到的從景致與聲音中所獲得的愉悅，這比我從童年時期所獲得任何一種感覺都更為強烈。若是我們從小長大就是依賴於某種競技的遊戲，其危害之處在於，當我們年老的時候，就無法再復當年勇了。因此，我們經常可以看到一些老年人的慘景，他們對自己空有一副肉體的存在感到無奈。他們成為菸室或是晚餐桌上不受歡迎的對象，因為他只是沉浸在對過往那驚人運動表現的懷舊之中，然後只能唱著人類不斷退化的輓歌。

　　而競技遊戲之中還摻雜的另一個迂腐之處在於，某些運動被視為是幼稚與可鄙的，而另一些則被冠以榮耀與讚賞。我認識一位很知名的教士喜歡打高爾夫球，他們這樣的行為好像帶來了一種在常人眼中看來是尊貴的氣息。有時，人們不禁懷疑一下，若是他們能更好的實踐《福音書》[61]中所提倡的「大蛇的

61《福音書》（Gospels），四卷記載關於救主耶穌降生這好消息的書。四福音是新約聖經的前四卷書，作者分別是馬太、馬可、路加和約翰。

智慧」[62]或是研究一下保羅教義[63]的適用範圍，他們可能會能救贖更多的人。

　　若是按照當前的這種風氣與趨勢，我們兒時玩的騎馬遊戲可算是一項可以增強體質與精力的運動，而且這也不需要昂貴的花費。若是某位高級教士及其副手在一座教堂的廣場前身手敏捷的騎著馬，馬兒時不時發出陣陣的叮噹聲，鞭子的劈啪聲，一條紅色絲帶的韁繩來馴服這匹騰躍的駿馬，不知人們會作何感想呢？世上沒有比在一個沙堆的掩體上擊打一個小白球更不體面的事情了。若是在早餐之後，首相與首席大法官在禁衛騎兵團那裡的沙石地上玩著溜滾鐵環，又有誰能說這樣的行為是不適宜的呢？而他們則在某種程度上讓這項遊戲變得受人尊重。在哲學家的心中，競技遊戲要麼是愚蠢的，要麼是具有其合理性的。而展現普通人愚昧的行為無疑是，他們認為一些投手手冊應是文學中的一項重要補充，但他們卻認為一本關於捉迷藏的小手冊則是應被嘲笑的對象。聖・保羅[64]曾說過，當他成人之後，他就拋棄了那些幼稚的想法。在這個時代，若是他想被人認為是一位富於理智與有分量的人，可能就不會這樣說了。

　　我並不想只是待在「預言的境域」之中或是想要成為耶利

---

62 原文：the wisdom of serpent.

63 保羅教義（Pauline Doctrine），保羅所涵蓋「釋放」的三個重點是：(a) 人類的原罪（Sin, not sins）。(b) 肉體（flesh）。(c) 律例（Law）的束縛。

64 聖・保羅（St. Paul），《聖經》中的人物。保羅（3-67），原名掃羅。保羅是亞伯拉罕的後裔。在基督教思想發展歷程上發揮了奠基作用。

米 [65]，然後只能為自己所不能改變的事情進行無力的諷刺或是尖銳的批評而感到傷悲。我想做的是，盡量讓這個問題變得簡單，摧毀在競技運動中所存在的一些極度自負的行為。在我看來，這種自負行為正在迅速蔓延。畢竟，這只是休閒娛樂的一種形式罷了。我強烈以為，正是這種自負的存在才把這種嚴肅性帶到了原本並不需要它的領域中。若是沒有這種嚴肅性，就會變得更為美好。因為這種「專制」是真實存在的，而一位有著運動天賦的人是不會甘於只享受其中，他們會有一種自滿的優越感，對那些不擅長此道的人有一種難以掩飾的鄙視。

某天，我待在一間房子裡，一位著名的哲學家在下午駕車過來拜訪。在拜訪結束之後，他想到處走走。於是我把他帶到了一間破舊的馬廄，他要騎馬兜一下。我不得不承認自己對如何馴服馬匹是一竅不通。我們發現了一些看上去應該是屬於小馬的裝備，我遞給他，然後他小心翼翼的試著，再謹慎的把這些部件安在這匹小馬身上。最後，我們還是以失敗收場，只好尋求專業人士的指教。後來，我向一位「活潑」女士講了這件事。她本人是精於此道的，在聽完之後，無情的嘲笑我，一種鄙夷之情洋溢其間。實際上，如何馴服馬匹並不關我的事，這應是那些專業人士去做的。對於人類而言，馬匹不過是一種方便的交通工具。當然，我不會對此耿耿於懷。但若是我因為她

---

65 耶利米（Jeremiah），祭司希勒家的兒子，繼以賽亞之後第二個主要的先知。

不能說出莎孚體詩[66]與阿爾凱奧斯四行詩[67]之間的區別而嘲笑她的話，那麼她就不會有那種鄙夷之感了。

　　當前這種趨勢最為顯著的一個特點就是，由對競技體育的狂熱而產生的自滿與驕傲。我希望自己能為此開個藥方。但我自己唯一能做的就是追求自己的愛好，並且堅信自己的追求至少不遜於那些運動員一樣具有意義。正如在上文所說的，我可以舉起一面反抗的旗幟，集合那些樂於平和、心智清明的人，他們熱愛自由，不願跟隨流行而放棄這種自由，除非能找到一個比「跟隨流行」本身更好的理由。

---

66 莎孚體詩（Sapphics），是以希臘女詩人莎孚（Sappho）命名的莎孚式詩（體）。

67 阿爾凱奧斯四行詩（Alcaics），是以古希臘詩人阿爾凱奧斯（Alcaic）的阿爾凱奧斯四行詩。

單元 15
淺談「靈魂」

某天，我與一位牧師朋友坐在他的花園裡。這是一個十分美麗的花園，修葺得也好看。四周環繞著參天大樹與一排排成蔭的樹木。在花園的右面，教堂的塔樓傲然的聳立在茂實的榆樹之上。臨著清風，我們見到了一個很普通的粗獷牧場。牧場與花園僅被一堵小牆隔開。牧場的表面很不平整，好像在過往某個年代曾被挖掘過沙礫。在牧場的一些地方，還可見到一些殘垣的石牆，而有些則仍然豎立著。

　　教士指向那個牧場對我說：「你看到那堵牆了嗎？我要告訴你一個很有趣的故事。當我四十多年前來到這裡的時候，我就曾問過一位花園工人：這片牧場之前到底是用來做什麼的？因為我從沒見到任何人來這裡或是野獸出沒此地覓食，但這裡卻又四處空曠，沒有柵欄，看上去只是很普通的一個地方而已。這裡到處都有矮小的灌木叢與荊棘。但那位老員工卻不願意告訴我。後來，透過一些間接的途徑，我發現這個看似普通的地方有一個很有趣的名字，當地人稱之為『天國之牆』。走在那片土地上是不祥的。事實上，沒有一個村民願意到那裡去。老員工也沒有說出其中的原因。但最後，他說這是因為被鬼魂所纏繞，雖沒有人見到過任何異樣，但卻是一個不祥之地。

　　「當時，我也就沒有深究了。雖然我還是經常會到這片土地。這是一個十分寧靜與美麗的地方，四處生長著灌木叢，小鳥在這裡無憂無慮的築巢，在這裡都可以看到金翅雀的巢屋。

　　「後來，人們因為需要做一排水槽，因此就在這裡開挖了一條很寬的深溝。一天，有人跑過來告訴我說，工人們發現了

一些東西，問我是否想去看看。我去一看，原來他們所發現的
是一個極大的骨灰罈，裡面裝著一些煅燒過的骨頭。我將此事
告知莊園主，他是隔壁一個教區的治安官。於是他與我開始留
心工人們的發現。後來，我們又出土了第二個罈、第三個罈，
裡面都裝著骨頭。後來我們還發現了一個體積蠻大的玻璃容
器，裡面同樣裝著骨頭。治安官對此產生了濃厚的興趣，最後
決定將整個地方都挖了一遍。我們發現，在那一堵石牆——
你現在還可看到它的廢墟——包圍下的一大片占地，在牆上
的兩個角落裡都發現了埋在深坑中的一個極大木灰存放處，看
上去曾被大火燒過。這兩個角落的牆角都被煅燒過，而且還有
煙燻的痕跡。我們總共發現了五十到六十個左右的骨灰罈，裡
面都是裝著骨灰。而在另一角落裡，則發現了一個煙囪狀的東
西，好像一口井。用粉筆沿著做記號，一步一步的挖掘，最後
發現裡面也全是煅燒過的骨頭。我們還發現了少許錢幣。在一
個地方還發現了一大堆鐵鏽，看上去好像一大堆當時的工具或
是武器。後來，我們請來了古物專家對此進行研究，他們稱這
些是羅馬時代的葬場，相當於古代的一個公共火葬場。埋在這
裡的人們都是沒錢進行單獨的葬禮，只好帶到這裡焚燒了。若
他們沒有地方來放置骨灰罈，則可把罈子埋在這個地方，可能
當時他們也從沒想過要遷移。你也知道，這裡之前曾有一個很
龐大的羅馬聚居點。山上也有堡壘，在其鄰近地方也發現了幾
個規模比較龐大的羅馬時代別墅的廢墟。這個地方的確是顯得
相對孤單，遠離城鎮。也許，當時這個地方都被森林所覆蓋。
但讓我深感奇怪的是，這裡作為一個兆頭不好的地方的傳說在

幾千年之後仍然遺傳下來，過了許久之後，人們知道這塊地方的原始用途，這難道不讓人驚奇嗎？」

　　這確實很讓人驚奇。在教士走後，我獨自一人沉浸在這個富於傳奇色彩的故事之中。我的思緒在發散，我想到在森林空曠的地方中，曾矗立著高高的城牆，也許當年有陣陣嗆人的煙氣如波浪的飄向城牆的每個角落，訴說著裡面舉行讓人悲傷的儀式。我能想像到，那些黯然神傷的哀傷者抬著棺木走到城門，表情呆滯，乾乾的等著這道大門被那些表情憂鬱但身軀硬朗的漢子猛然打開，直到他們看到了這片醜陋的圈地。在爐上堆滿了木材，接著就是進行那讓人肝腸寸斷的最後儀式。之後就是焚燒屍體與骨灰滿天飛的情狀，接著木然的收集著骨頭 —— 而離去的那個人又是那麼的親切 —— 他可能是一位威嚴的父親或是一位慈祥的母親，可能是一位稚氣未脫的小男孩，或是一位單純的處女 —— 而他們現在都被裝在這個小罈子裡，然後就是最後的下葬。這個地方肯定是見證了太多這樣欲哭無淚的傷悲！這個地方後來被羅馬人所棄置，而城牆也坍塌成廢墟，最後被荒草與灌木所取代。再後來，也許隨著文明地域的擴展，這裡的一片森林要麼被砍倒或是被燒毀。但這個地方那讓人哀傷的傳統卻讓其至今仍是一片荒涼，直到所有關於這個地方的所有回憶都消逝了。在薩克遜[68]時代，人們就已認為這個地方被古老的幽魂所縈繞。那些在此接受最後儀式的不

---

68 薩克遜，西元 5 世紀中期，大批的日耳曼人經由北歐入侵大不列顛群島，包括了盎格魯人（Anglo）、薩克遜人（Saxons）、朱特人（Jutes），經過長期的混居，逐漸形成現今英格蘭人的祖先。

安分靈魂，四處遊蕩。所以，這個地方被視為是不祥之地。

　　我繼續思考著這種奇怪而又難以從人類思維中抹去的傳統，這種傳統還是那麼的具有生命力。人們認為某些地方是被死者的靈魂所縈繞的。我們很難相信，一種傳播範圍如此廣泛而又如此普通的傳統，竟然在現實中找不到任何證明其存在的證據。除非發源於這種傳統的世間靈魂的表現形式發生了改變或是它們本來就有某種真實現象，現在卻由於某種原因停止其表現形式。否則，我們是不可能找不到任何其存在的證據的。事實上，我們沒有找到關於這方面的證據。心靈學會的工作人員正在認真的對這些事情的真相進行調查，結果卻是遭到不少人的譏笑。最後的調查結果是，根本不存在任何關於所謂鬼屋存在的證據。那些看上去讓人信服的故事，通常在經過認真的調查之後，就站不住腳了。我以為，這些看似的荒誕離奇的故事是以一種極其自然的方式在人們之中傳播開來的。對於普通人而言，相信賦予肉體生命的靈魂在脫離肉體的時候，很可能滯留在其受難或是死亡的場景，這是很自然的想法。事實上，若是靈魂真的有某種自我意識認同的話，那麼它一定會願意停留在那些它所愛之人的身旁，這種想法也是很正常的。但是，這些故事難以自圓其說的一點是，這些靈魂常常是某些窮凶惡極行為的受難者的冤屈靈魂，而非那些作惡者本人的。這些受難者的靈魂在其受難之處所發出的一些「哀號」或是悲傷的暗示，以讓人們知道其存在。但鑑於人們認為靈魂會在其臨終所在地停留一段時間，那麼人們本能的恐懼、那豐富的想像力以及強大的自欺能力，就會完成接下來人為構想的一切。

研究者說，唯一一種超出合理性之外的故事，是關於人在死亡之時的一種特異現象。研究者假設某種心靈感應來解釋這種難以預測、但又實際存在的力量的情形。儘管這種力量的狀況以及其限制的條件都不為人們所熟知。心靈感應是心靈之間無須語言媒介就可溝通的一種特異現象，在某些情況下，甚至可以在相隔遙遠的情形下發生。這個假設的理論認為，一個人在臨死之時，就會在另一個特定的人心中產生一種強大的力量，這種力量之強大足以讓接收者直接可透過空氣來接收這些資訊。這種心理圖像化的存在是很常見的。事實上，我們每人或多或少都有這種能力，都能記得我們在夢境中所見到的。我們以一種視覺畫面來記住夢中場景的人物，雖然它們只是由單純的心理概念轉化為視覺化的現象的情形。而夢境畫面所帶來的印象，現在看來與人的視網膜所接受到的畫面帶來的影響是相差無幾的。當然，這是很奇怪的，但絕不會比無線電報技術更讓人感到奇異了。事實可能是，心靈感應的條件可能終有某天被科學所界定。到那時，我們就可以像電的發現與之前所見到的景象 —— 比如，通電之後的物體會變成琥珀色與雷雨之下閃電之間的現象連結起來那樣 —— 對這一系列的現象做一個我們現在還不能做到的清晰與內在的連結。以前，人們無法了解上述兩種現象所存在的關聯，但我們現在知道，這只是同一種力量的兩種不同表現形式罷了。同樣，我們可以研究一些表面上已經熟知但不知所以然的現象，這可能被證明是某種發自中心的感應力量的種種表現形式 —— 我認為這些現象的不同表現形式，就好比勇敢前進的士兵所具有的氣勢與一大群人

沉浸在狂熱之中是相類似的。

　　我想，人們應該讚賞與支持心靈學會所做的耐心的工作。而仍有一些人嘲笑他們試圖用科學的眼光去看待這一問題所做的努力。其實我們可以嘲笑的是那些輕信與心智淺薄之人，他們在這些事關靈魂問題上的淺嘗輒止。這些嘗試拓展了我們對人類心靈最可悲、可嘆區域的視野 —— 即一種讓其自身深信的能力，還有包括著脆弱與幼稚等。若是人們所稱的這些媒介都是真實存在的，為什麼它們不能以一種公開與不容置疑的方式來顯露「真身」，而是在黑暗與興奮之時 —— 這些人類自欺能力達到峰值的時候才徐徐顯露呢？

　　一位朋友告訴我一個他自認為是很奇怪的故事。這個故事是關於一位牧師的。某天，這位牧師突然被一股強烈的心靈力量所控制，他覺得在布里斯托[69]有人急需他。於是，他就坐火車來到布里斯托。漫無目的的閒逛了一天，最後在晚上住進了一間旅館。第二天早上，他在咖啡廳遇見一位朋友。他告訴這位朋友自己來到這裡的原因，接下來想要乘下班火車離開這裡。這位朋友告訴他，在旅館裡有一位澳洲男人正處於垂危之中，急於想找一位牧師為其進行最後的禱告。牧師於是去找到那位澳洲人，為他進行最後的禱告。當他找到那位澳洲人的時候，發現自己在澳洲旅行的時候見到過他。當時那位澳洲人就為這位牧師的布道所深深感染，並希望有朝一日，這位牧師能為他進行最後的禱告。牧師為這位垂死之人進行了最後的禱告，給予他一些鼓勵。最後，這位病人是安詳的死去。之後，

---

69 布里斯托（Bristol），英國西部港口。

他把自己受到神祕召喚來到布里斯托的故事告訴這位病人的妻子。她回答說自己整天都在祈禱，希望這位牧師能盡快趕來。無疑，他是收到了她的禱告。

但這個故事讓人難以信服的部分在於，人們竟會寬容這位精神力量的極度馬虎與不負責任的作為。這位女士知道這位牧師的名字與位址，她完全可以寫信或是發一封電報過去。那麼，牧師就可免於一場漫無目的與神祕的旅程以及在旅館一晚無謂的開銷了。更為離奇的是，正是透過與第三者的偶遇才使這個故事變得可能，而這個第三者原本與這個故事的關係本是不大的。但若是沒有他，這位牧師早已離開了這座城市，餘下的一切也就不可能了。人們不禁會想，這位牧師在工作的時候，是否是以一種很笨拙的方法去做，或是沉浸於某種《福爾摩斯冒險史》的神祕之中。如果人們將這個故事當作一種超自然力量的呈現的話，那麼至多只可認為是一種充滿了欺騙的精神力量，正如《暴風雨》中的愛麗兒，在獲得最後結果的時候，我們需要精心的安排與富於戲劇性的段落。但實際上，雙方只需一點點的常識即可獲得更為圓滿的結局。若這位女士不是一味的禱告 —— 這種做法看上去實在是太慢了 —— 為什麼這種所謂的超自然力量不讓她靈機一動，想一個更為簡單的辦法 —— 即是翻看一下牧師的名單呢？無疑，這個故事在普通人心中會產生深刻的影響。而事實上，倘若人們認真思考的話，即使這個故事本身是真實的，人們也會將之視為一種雖可親但卻膚淺的一種力量；那麼，人們就不會沾沾自喜於這種精心布局所帶來的精妙感嘆了。

　　事實上，一般人在類似的情形下所追求的並不是一種科學上的認知，而是一種心靈自我幻想所形成的某種景象。只要人們願意坦誠他們所尋找的只是後者的話，就好比在《匹克威克外傳》[70] 中那個肥胖的小男孩，他們只是想讓自己的身體匍匐前行而已，並不會造成什麼傷害。而對於那些真正想尋求感官刺激的人而言，他們不是以一種科學的精神去看待這個問題，那麼這才是一個真正的危害。與所有人一樣，我也很喜歡聽那些鬼故事，對那些虔誠之人所得出的哲學結論也是深感興趣的。但在聽到人們討論這個問題的時候，正如某人看到在《愛麗絲鏡中奇遇》[71] 裡的那個白皇后（White Queen）一樣，以自命不凡的姿態去做著所謂的科學解釋。最終在早餐之前，就已讓自己去相信許多不可能的事物。這些人是最能引起我心理與道德上噁心的。

　　至少，隨著人類自我欺騙的案例在不斷增多，一位耐心的研究者仍在繼續其工作，希望能獲得一些關於這方面持續存在的科學證據。但他不得不承認，所有的證據其實都是無從證實的。而那些看似能支持事實的傳聞，實際上都是根本不足為信。而研究者所能證實的唯一一點 —— 而這些在那些固執的懷疑論者看來是不能接受的，那就是 —— 只有在某些不正常的例子中，才真的存在兩個活人能直接出現心靈感應的可

70《匹克威克外傳》（Pickwick），英國作家查爾斯・狄更斯的第一部長篇小說。

71《愛麗絲鏡中奇遇》（Through the Looking-Glass,and What Alice Found There），英國作家路易斯・卡羅（Lewis Carroll，西元 1832 ～ 1898 年）的代表作。

能性。

當我思慮這些事情的時候，天色漸晚，昏黑漸次覆蓋在矗立著殘垣城牆的曠野上。我突然覺得人性中某種古老的遺傳在潛入我的體內，一種對於未見之物存在的恐懼，這讓心智失靈，扭曲與誇大眼之所見，耳之所聞。在這種情形下，人們是多麼容易變得緊張而又充滿期待：

> 直到眼疲耳倦
> 冥冥中，有某物在控制著
> 使可怖的內在感官不被喚醒
> 唯恐其將
> 空虛與黑暗的恐怖
> 縈繞生命

獨自面對這無法穿越的神祕，而自己心中惦掛的所愛之人，卻正悄無聲息的滑進那道永遠昏黑的門檻。若我們徒勞無益的用力拍打這扇緊閉的大門，那又有什麼好大驚小怪的呢？若我們沒有這樣的舉動，反倒讓人覺得奇怪。因為終有一天，我們也要進去那裡。那些業已逝去的靈魂以及那些我們所愛的靈魂，還有那些古羅馬人的靈魂，在歲月的流逝中，已成灰燼，只是裝在我們今天所見到的這些罈子裡面。他們知道人所能知道的一切，明白那個既嚴肅又可怕的真理。而這個真理的祕密卻是我們所無法看透的。但「當我們心靈思慮至極痛之時，其實它就在那裡」。

單元 16
論「習性」

在我們今天所熟知的《文藝復興時期文集結語》[72]一書中，華特‧佩特曾在那個高尚的享樂主義宣言中，以一種神諭般的口吻說道：「形成習性是生活的一大敗筆。」而要想說出「神諭」的困難之處在於，人們必須要將某句話濃縮成最為簡練的形式。當有人這樣做的時候，通常這句話看上去的確是涵蓋許多方面的，但也有許多方面不在此列之中。所以，若想說出一句既簡潔又主旨宏大的話語，這是不甚可能的。在佩特所說這句話中，他是將心理定位牢牢的集中在一個特定的現象。但他在說出這句話的時候，忘記了他的言辭在應用到實際生活中可能是會誤導人的。無疑，他這句話所針對的是人們一直常見的心理傾向：那就是在人生早期生活中，過早的形成知識與道德上成見，以至於變得根深蒂固，讓我們無法全面的審視事物，或是本能的不給那些我們所討厭的事物一個公平申述的機會。實際上，許多人在中年之後，對待別人所持的不同觀點，很容易形成思想上的保守。正如蒙田所說的那樣，他們的固定思維讓其對自身的觀點自視過高，對別人所持的觀點猶如廢紙一般應被燃成灰燼。這種固定思維是應該受到嚴厲譴責的。但令人遺憾的是，這種情況卻是普遍存在的。一位通情達理、聰明之人一般都是不會接受一些與其心中所篤信的觀念相悖的其他的觀點，我可以坦白的說，這種現象是非常普遍的。在爭論中，我們很少遇到某人會說：嗯，我之前從未這樣想過這方面，你所說的確實應在考慮範圍，你的話改變我原先的看法。這樣的情形出現的機率實在太罕見了。在今天這個社會，這種態度會被

72《文藝復興時期文集結語》（Conclusion to the Renaissance essays）。

那些心智靈敏、精力旺盛的人視為某種軟弱，甚至是多愁善感的表現。我們會聽到別人這樣說：一個人應有勇氣去堅持自己的觀點。但更為難能可貴的是，一個人有勇氣勇於改正自己的觀點。誠然，在公共生活中，人們普遍認為改變自己對某事的看法就是一種背信棄義的行為，因為人們把他們所忠於的東西看得勝過真理。無疑，佩特所要表達的意思是，一位哲學家的責任或是「特權」就是保持其內心眼睛對新事物的印象，隨時準備去觀察事物在新形式下所產生的美感，而絕非安於以往形成的一成不變的視野，而要像年輕人一樣為了藝術與生命注入新鮮的活力。

佩特那句話只是談到了一種心理過程。他所譴責的是那被成見與習性所蒙蔽而讓自己變得呆滯與黯淡的習性。正如查爾斯·蘭姆[73]曾睿智的說過，這種趨勢就好比每當一本新書出版之後，人們就跑去閱讀之前出版的書籍，進入一種「坐在火爐旁，蹺著拖鞋」的思維框架之中，然後就抱怨這些書籍缺乏新意，埋怨為什麼當今的年輕人違背了所有關於信仰與藝術本該具有的神聖原則。

但這與了解自己能力範圍並非完全是相同的兩碼事。無論是藝術家、作家、評論家或是實習者，他們都應去運用這種力量，然後決定自己在哪個領域中更能大展宏圖。事實上，一個有藝術氣質的人很有必要將自己的精力集中在某個具體領域，雖然他可能對許多領域都很感興趣。在這方面上，佩特本人就

---

73 查爾斯·蘭姆（Charles Lamb，西元 1775 ～ 1834 年），英國散文家，代表作：《莎士比亞戲劇故事集》等。

是一個極佳的例子。他知道自己的戲劇天賦很弱，就毅然的放棄了戲劇。當他發覺一些個人風格很強烈的作家會對自己的風格產生某種可怕的影響之後，毅然的不去閱讀他們的作品。但在他專注的範圍裡，做到了無所不通，且對別人的表現出一種理解與同情。他從不讓自己腦中的知識停滯下來，不將它們包裹好，然後貼上某個標籤就完事了。而這正是許多年齡介乎三十到四十歲的中年人經常犯的一個毛病。

但在下文，我想談一下關於形成習慣這一範圍更為寬廣的問題。有人說佩特的宣言是完全錯誤的，他們說生活的成功更多是源於形成某種良好的習慣（當然不能以損害健康為代價）。實際上，佩特本人在這一點上就可作為一個極佳的例子。他在文學方面是高產的。他以一種讓人震驚的敘事方式及精妙的寫作方式，讓讀者為之嘆服。但他的成就是透過一種極為耐心與勤勉的勞動所獲得的。他並不像某些作家那樣，在某個旺盛的創作期文思泉湧，在低潮期則是不落一字。也許，若他像米爾頓的朋友那樣，有足夠的文思去創造「電光火石」的文章，或是隨心所欲的行文，那麼他的作品會顯得更為自然爛漫。但佩特的祕密就是始終如一的執行自己的方法，透過不懈的努力獲得了極大的成功。

從我的朋友中，我可以選出兩、三位既有道德高尚、聰明且具有讓人讚嘆的幽默與熱情的。但他們卻在人生中不斷的遭遇失敗，離理想也是漸行漸遠。其實，原因是很簡單的，他們只是缺乏一種習慣。誰都知道馬洛克[74]曾睿智的描寫道，當某

---

74 馬洛克（William Hurrell Mallock，西元 1849 ～ 1923 年），英國小說家、經

人在四十歲的時候，他們的朋友且還說，他仍可以做自己想做的任何事情。在年過四十之後，真的可以隨心所欲的做他們所選擇的事情嗎？我有一位朋友，他是一位富人，有很多的閒置時間，天生具有成為一位作家的潛質。除了作為一位小地主以及承擔作為一個家庭的父親責任之外，他沒有其他特殊的責任。他是一位閱讀廣泛之人，其評論常帶有某種微妙與共鳴所要求的敏銳。他熱衷於寫作，還寫了一本書。整本書填充著許多優秀與美好的思想，這麼多的素材足夠讓一位稍有文筆的作家寫上半打左右的優秀書籍。他是真心想寫點好東西出來，但卻始終沒有。有時，我覺得自己有義務去問一下他，在他空閒的時間裡，為什麼不寫更多的書呢？他臉帶憂鬱的笑容說：「天啊！我怎麼知道呢？時間就這樣無聲無息的溜走了。」我嘗試尋求其失敗的原因。其實很簡單，他從沒有把一天的某個時段作為自己的寫作時間。他任由自己被打斷，不時要招待那些自己本不想接見的客人。他到處「閒逛」，面帶慍色，像一隻鼓著肚子的青蛙。他與客人繪聲繪色的談論著，若是這些賓客能像博斯韋爾[75]那樣勤奮的話，就會問一些有見地的問題，然後認真的做著筆記。那麼在一個月之內，他就可利用那精妙與富於建設性的談話所涵蓋的內容，來填充一本讓人深感美麗的書卷了。當然，人們會說他熟諳生活的藝術，談話有如「閃耀著最純潔的閃光而又靜謐的寶石」，又如「在隱約中近在眼前」的

濟學作家。

75 詹姆士‧博斯韋爾（James Boswell，西元 1740～1795 年），英國傳記作家，著有《約翰遜傳》、《赫布里底群島之旅》等。

花朵以及一種如流水般順暢的話語，但所有這些都浪費在那些不懂欣賞的賓客之中。若是這個世界真的有什麼責任或是義務的話，那麼撒播自由與慷慨的知識種子就是那些天賦稟異、筆觸優美以及具有詩化語言的人的責任所在。我們英國人當然是一個優秀的民族，但我們在智力、理解力或是具有多少迷人魅力這些方面真的比其他民族優秀嗎？若我的這位朋友是一位專業人士，必須要靠筆桿子來維持生計的話，我深信他會奉獻給這個世界許多優秀的作品。這也算是為擴大我們國家的影響做點貢獻吧！

當然，在某種程度上，讓習性變得苛刻則是錯誤的。人們不能因為日常的一些計畫稍被打破就變得惱怒、暴躁。人們在拜訪別人、談天說地的時候應能享受到那份休閒。正如詹森博士所說的，他們應時刻準備投身於無憂無慮的生活之中；另一方面，若某人過於嚴肅的對待自己 —— 這裡，我並非指那些有明確目標的人，而是指諸如作家、藝術家等可以自由選擇工作時間的人 —— 他們應有一個固定的規律，但又不是一成不變。若他們擁有如華特・司各特[76]那麼旺盛精力的話，他就可以在早晨五點起床，在早餐之前就能寫下十頁不朽的文章了。一般來說，正常人旺盛精力持續的時間是很有限的。因此，若他們想要做一些很有意義的事情，就要好好的利用這段時間。一位藝術家應有屬於自己的神聖時間，在這段時間裡，免受外

---

76 華特・司各特（Walter Scott，西元 1771 ～ 1832 年），英國詩人、歷史小說家。代表作：《撒克遜英雄傳》、《最後一個吟遊詩人之歌》、《十字軍英雄記》等。

界的打擾。之後，他可以隨心所欲的選擇其他娛樂節目消遣度日。

　　當然，若是某人所做之事正是他最感興趣的，這就更好了。對於那些喜歡自己所從事的工作且從中獲得愉悅的人來說，這其中是存在一種危害的傾向 —— 那就是這種愉悅可能強於從其他任何娛樂中所得到的愉悅。許多人都會為自己過於沉浸於工作而感到一種不幸福的感覺。我們決定一旦去做某事，就不要關心是如何開始的。我們閱讀一下報紙，寫幾篇文章，看一下某某人所住的地址，或是對當代的傳記入迷，很快又是該吃午飯的時間了；然後，我們就會想若是稍做運動的話，精神可能會更舒暢一點。在喝完下午茶之後，望見天空又是如此的美麗，覺得若不去看一下夕陽西下的壯景，那會多麼可惜啊！於是，就動身去看了。當我們回到家裡，鋼琴又好像張開了雙臂，於是我們又小彈幾曲。此時，鈴聲響起了，又是該更衣的時候了，一天也就這樣過去了。因為我們不信任在晚間創作的品質。於是，我們在適宜的時候上床就寢，一宿無話。一天就完完整整的過去了。而一本「巨著」卻還沒寫一字呢！

　　我們反而應該去審視一下自己，當我們狀態最好或是精力最旺盛之時足以支持工作的時間有多久。那麼，圍繞這些固定時間，我們來安排社交、休閒與娛樂活動。若我們有某種利他主義的想法的話，我們可能會說自己有責任去看看我們的同胞，不應讓自己變得陰鬱與孤獨。總之，我們有很多藉口可找。但是，藝術家與作家們應意識到，他們對世界所肩負的責

任就是，看到美好的事物，然後盡可能的用簡練與吸引人的文字或是作品記載下來。若一位作家寫了一本好書，那麼他可以在字裡行間與讀者交流很多事情。他將自己最好的思想留予讀者分享，這才是最明智的選擇，不應讓這些思想在閒談中黯然流逝。當然，作家必然要把觀察各種人物的性格視為自身的一種責任，因為這些是創作的素材。若他自我封閉或是孤芳自賞的話，他的作品就會變得思路狹隘與矯揉造作。而在許多作家中，心靈之間的碰撞是最能擦出耀眼的火花。

接著，我們要談論一個更為寬廣的範疇。無疑，養成良好的習性、方法或是守時這種習慣，這些應成為我們的一種責任。這並非站在一個人為抬高的角度來說的，而是因為這可為人們帶來極大的幸福與便利。過去那些故事書裡所蘊涵著巨大的價值，或許這有點誇大了 —— 那就是關於時間方面的。人們一定要重視時間，無論這到底意味著什麼。一位典型的母親，我在兒時常在一些小書中讀到的，就是一位準時在早餐桌前出現的女士，在腰間掛著一串響噹噹的鑰匙。早餐過後，她會出外拜訪一下，看看櫥櫃裡是否還有存貨。然後，她就會坐下來，讀些書或是在火爐邊刺著繡花。在下午時分，她會懷著一顆慈善的心去拜訪別人，將部分的午餐分給一些貧窮的鄰居。在晚上，她就會在火爐旁忙碌著，此時在一旁則有人大聲朗讀著什麼。上面這些描述構成的並非是一幅具有吸引力的畫面，雖然也並不是那麼的無聊。問題在於那種堅持的閱讀是否會產生積極的效果。在我所讀的這些書中，通常讓母親對那些正確的資訊生發過度的尊敬或是對那些沉湎於想像之中的人產

生一種虛假的蔑視。比如哈利與露絲兩人，其中露絲是書中唯一的一個人。但她卻被那個頑固且對機械極感興趣的哈利所蔑視，也被那個讓人厭惡的父親所冷落。這位父親總是樂於解釋哈利拋出的石頭所受到的重力及形成的拋物線。在這些年代遠久、枯燥卻又帶著深意的書籍中，被低估的是那種生動的形象為人帶來魅力的價值：一種天馬行空的想像，一種簡單而又和睦的鄰里關係。這些書的目的並非是要向人講授或是傳輸某種正確的資訊。時至今天，這個鐘擺已經進入了另一種狀態。人們要求孩子快快長大，脫離那種稚氣。但在那些簡樸且富於深意的家庭生活中透出的那種平淡的魅力。

　　關鍵一點是，我們要有養成某種習性，正如手巾上的貼邊將布料緊緊連在一起。但這種習性絕不該以一種不顧他人情面或是壓迫他人的方式展現出來。真正的勝利是既要有習性，同時要能掩蓋住它。正如拉斯金的那句著名宣言：藝術家的目標應要適用於整個社會，然後他就應該宣布放棄這一點了。我們為人應該要誠實可靠，在不須別人提醒的時候，自覺完成屬於自己的任務，以一種坦然自若的心情去履行職責。若是某人具有能將一些表面上休閒的優雅、一種看似永不被打斷的能力，以及能隨時引人娛樂或是被人娛樂的好性情的話，那麼此人就是在攀登上完美的階梯之上。若某人想要在世上做到最好的自己，就必須要有一種真誠、認真的態度。我們沒有必要去炫耀自己的那種認真態度，人們會想當然的認為，別人同樣也是嚴肅認真的。在許多情形下，身體力行要比金句良言本身更有效果。但若是人們不能兩者皆全的話，那麼最好還是要讓自己認

真點，並且表現出來，也要勝過公開鄙視或是譴責認真這種性情；我們寧願讓別人知道自己有習性，也好過透過不斷躲避別人自負的指責而失去自己的靈魂。在這個隨和的時代裡，後者是只會招致人們極度的憎恨。

單元 17
淺談「宗教」

我願在每個禮拜場所都能看到這樣一句醒世恆言：你應默然的讓我獲得智慧[77]。這既是作為一個期盼又是一份警醒。這是對那些想跨進、參與這場宏大而神聖的神祕之域的一個邀請；這也是對那些相信宗教本身就是宗教祕密所在之人的一份警醒。在下文中，我不會討論關於宗教不同教義、某個象徵所具有的價值或是那說出的禱告所具有的崇高意義進行一番討論。我更想談談宗教本身。我相信宗教被許多人深深誤解著。這種誤解程度可以從以下這些例子看出：「宗教」（religion）這個字眼本身，本該意味著世間最美好與簡單的事物，但卻散發著並不誘人的芳香。一個普通人所見到的宗教儀式是多麼的煩瑣啊！其中夾雜著古怪與邪惡的實質。而那種一成不變的字眼又是多麼的黯淡與傷痕累累。它顯現的光輝是多麼的暗淡，其純潔又是如何被世人玷汙的。這些美好的字眼，也許是唯一的一個字眼能表達我的真意。但還是被一些塵埃或是所謂「技術上」的東西籠罩著。這一切讓其看上去沉悶，而非有趣，讓人覺得疲倦，而非愉悅。同樣的情況出現在許多其他意味美好的字眼中。這些本意美好的字眼落入那些心靈愚鈍、古板與讓人反感的人手中，直到它們原先那光芒被完全遮蔽，鋒利的尖角被磨鈍與破裂。

　　我所說的「宗教」一詞，其所蘊涵的是一種力量，不論這是哪種具體的力量，這可讓人們勇於挑戰艱險而並非乖乖就易；選擇高尚與崇高，摒棄卑鄙與自私；將勇氣置於膽怯之人的心胸，把快樂之清風吹進那灰霾覆蓋的精神之中；可以為那

---

77 原文：Thou shall make me understand wisdom secretly.

些處於悲傷、不幸與失望的人帶去安慰，讓他們可以愉悅的接受重擔。總之，它可讓人超然於物質的控制，踏入更為純粹與簡樸的宗教之中。

　　這些美好的東西離我們是如此之近，好似空氣與陽光一樣親近，我們甚至只須伸出雙手就可抓住。但這些美好的事物卻被那些貌似能力出眾、道德高尚之人不擇手段的攫取著，然後再錯誤的引導人們。因為他們知道這是多麼寶貴的東西，然後將其嚴嚴實實的包裹起來，然後束之封存。因此，這些如空氣與陽光一樣寶貴的思想變得如此的遙遠，讓那些依賴其生存的人們的生命與思想貧瘠起來，以致一些人無法自如的呼吸，從來不知道這些其實就是近在咫尺之中。「他是一個好人嗎？」一位虔誠的衛理公會教徒的朋友問道。他回答說：「是的，他是一個好人，但不是宗教意義上的好人。」他的意思是，這個人作為基督徒是善良、純粹與無私的，但卻沒有參加過任何禮拜的活動。因此其行為是沒有任何宗教因素驅使的，而只是被一種毫無價值的本能在渾渾噩噩的指引著。

　　現在，若是世上有某種神性的旨意可讓宗教擺脫其嚴實的包裹，那就是耶穌基督的傳道了。到目前為止，我們可從對那些口頭上傳承下來模糊而又神祕的原始手稿的紀錄的收集中看到，耶穌基督旨在讓每個謙卑與簡樸的靈魂都能聆聽宗教的教誨。無論後世人對這些事實的紀錄的具體文字有何疑問，無論人們如何認為這些事件的關係被時間或是在某個時代流行的信仰所染色。現在看來，耶穌的言辭是源於對祂的記敘。儘管人們對此還不能做最充分的理解，正如這些用語言所包含的思想

超出了當時記敘這些話語的人的理解範圍。因此，這是具有一種真實性，而那些收集與記錄這些言辭的人對此都不能老道的掌握，更是能夠證實這一點。若是那些記錄者都不是心智敏銳或是有深邃思想之人，這就難以判斷其真偽了。

要想用精確的語言來表達耶穌基督的教義是一件極為困難的事情。但我們可以肯定的說，祂的教義絕非是一個體系，也非一種信條，而是對每個心靈所發出的一種資訊。但這種資訊被世界的紛繁複雜與宗教儀式的煩瑣搞得讓人茫然。耶穌讓人們相信造物主也是一位天父，而要想從世間那難以克服的苦難中掙脫出來的唯一途徑，就是透過簡樸、真誠與愛的途徑。一個人應將那些侮辱或是刺傷心靈的東西統統趕走。人們應該如關心自己那樣去關心別人。這是對所有野心、殘忍、奢侈以及自欺欺人的一種反抗。這說明了一個人應接受其自身的性格與所屬的位置，將這些看成是上帝手中賜予的禮物。他應讓自己心平氣和、純粹、謙卑且富有愛心。耶穌為世界帶來了全新的準則。祂指出了許多受人尊重或可敬之人實際上卻是遠離天父的；而許多默默無聞，深感自己罪惡與可悲的放逐者卻能發現那些目空一切與狂妄之人所不能發現的祕密。從來沒有一個資訊能帶給世界如此多人以希望。而《啟示錄》中那令人震驚的部分正是因為其極為簡單。這其中不需要財富、智慧、地位或是道德上的完美。那最單純的孩子，被世人遺棄的罪者，都可以與那些受人尊敬的政治家一樣接受上帝的一份禮物。最睿智的聖人則是最簡樸的。因為正是世事紛繁、人心叵測。對財富的虎視眈眈，蒙蔽著靈魂，無法實現真正的自由。

　　耶穌就是以這些原則度過自己的一生。祂歷經重重險境，危難，嘗盡世間種種苦難、失望與恥辱。在臨死之時沒有讓人覺得恐怖與痛苦。

　　自那之後，宗教就開始了其墮落的過程。一開始，這些偉大的祕密在世界上默默的從一個靈魂傳遞到另一個靈魂，整個世界都在潛移默化之中。但即使如此，利用人類弱點而展開俘獲及改變宗教其真正信仰的過程就逐漸開始了。首先，那些富有智慧的人了解到這一點，形而上學者則認真審視著這些謙卑與甜蜜的神祕，然後費盡心思用各種明確的定義來裝飾，用各種古代體系來使之獲得表面上的和諧，使之教條化，讓其語義變得艱澀、模稜兩可且毫無啟發性。而那些生動的暗喻及描述被拋棄，然後轉化成某個具體的原則。這種對於最初聽者的極大誤解卻竟妄稱擁有神主本身一樣的神聖。但即使如此，這種光明與美好的精神仍在傳播，若一條清澈的小溪，讓乾涸的地方煥然一新，讓沙漠的貧瘠如玫瑰般的盛開，直到最後，世界本身就在其繁華與壯麗之中。這讓人們意識到，在人的心靈之外必然存在一種強大的召喚力。然後，世界本身決定去俘獲耶穌基督。這一過程所帶來的悲慘從歷史書中的記載中可見一斑。直到最後，那純粹的生物，如一個野蠻的俘虜，雖然閃著青春與美感，但卻在金色的牢鏈所馴服，唯唯諾諾，一臉茫然與驚訝，對那些駕著馬車的征服者俯首稱臣。

　　讓我舉一個明顯的例子。在任何一位公正的觀察者眼中，世上應該沒有比那宗教儀式以及那壯麗的場景所包圍、等級森嚴之頂端的教皇更為可信的人了吧！但他能夠成為在教堂門廊

前某位農夫的代表嗎？而答案在歷史所演進的悲慘過程中是一目了然的。隨著整個世界趨於基督化的加深，因此，一些人認為不能放棄其對在社會等級、個人野心、權力及所散發的影響的貪慕。不受束縛的基督教本身就是一股危險與具有顛覆性的力量，這必須要被馴服與箝制，必須被繩索牢牢套住。教會被視為一個高貴的機構，因此，基督教的本義也成為賄賂、陰謀與世俗爭鬥的受害者。

我從來沒有否認過基督教在激勵難以計數的心靈去追求簡樸、愛心與勇敢的作用。這些祕密所蘊涵的力量是如此的強大，這股重要的力量是不會失去其效力的，在真理與美感被這世俗所俘獲的情況下仍舊生存著。但它並沒有成為最自由、最自主、個人主義的力量，這反而成為最專制、保守、僵硬的一個系統，正如在《格列佛遊記》[78] 中所說的，這是一個巨物，但卻不能發揮其相應的強大作用，而是被一些微不足道的小事礙著手腳。

在我看來，禮拜存在的唯一可能的理論就是，這是一種有意為之的行為，開啟通往天國的大門，任何宗教所帶來的影響就是將感激與平和充填我們的心靈，讓人們變得謙卑、耐心與睿智，讓其明瞭獲得幸福的唯一途徑就是讓自己的心靈與上帝優雅的目標相協調一致。

所以，宗教及禮拜的影響就越來越重大，因為宗教的嚴肅性是靈魂接近上帝的一扇門。但是所謂的宗教禮拜只不過是通

78《格列佛遊記》（Gulliver's Travels），英國諷刺作家強納森‧史威夫特（Jonathan Swift，西元 1667～1745 年）所著。

往這道美好、高貴與真理宏大之門的一個便門而已。在那繁星點點的天國之中，人們的心中充溢著一種渴盼的神祕之感。人們會讚美高尚、勇敢與耐心行為所具有的美德。人們會看到在世上散落的美感被藝術或音樂糅合起來，帶來一種神迷與樂趣，讓人心馳神往。在這些時候，所有這些都更加接近上帝，開啟其靈魂讓神性駐進心間。

現在，人們必須要問以下這些問題：那些自認為是基督徒、讚美耶穌基督內心真正具有的精神，相信東方之星仍舊以一種毫無遮攔的光芒照耀在那個兒童出生的地方[79]，他們是真的忠於他們的主嗎？他們會以《福音書》中的教誨來反抗知識上權威或是世俗的專制嗎？我想說的是，他們沒有必要去抗議。若他們真的忠於基督精神，他們根本不會有反抗這個念頭的生發。耶穌自身的例子告訴我們，把一切放下，迎合世間的一些機構，接受社會的一些框架。我所說的針對專制，並非是要直接的予以攻擊。一位信仰者真正所要關心的應是自身對生命的態度以及與周圍的人的關係，不論老幼。在其中，他可以找到自己。他知道，若是耶穌基督的精神真的影響了世界，那麼遮掩這種精神的那些壯麗的場景、榮光或是恢弘的場面都會如那些無關緊要的花圈所燃出的煙霧。他無須讓傳統的法令、煩瑣的儀式、模稜兩可的教條以及形而上學的定義所困擾。他要關心的是另一些不同的事情。他要篤信一點，那就是任何罪惡感都不能來去自如的走進其心靈深處。他要讓自己成為耐心、公平、善良與真誠的化身。他要嘗試治癒真正的痛楚。這

---

79 指耶穌的誕生地耶路撒冷。

種痛楚並非是要刻意適合社會趨勢所帶來的，而是一種看似與上帝本身的世界所連結而感到的痛楚。讓他成為一個安靜與平和的人，讓他可以自由的享受教堂──這一傳統與儀式的綜合體，但仍是保持著那種精神所帶來的美好的影響。讓他從自然與人為的美感中汲取養分。教堂有著悠久的歷史、友善的作風及其所具有的藝術感，讓其本身成為了涵蓋建築、音樂與儀式的等眾多洋溢美感的綜合體。教堂只有被視為通往神聖與甜蜜的一條特別途徑，這才是有害的。當其被認為是一種確定的神聖化，而真正的神聖則應在這些事物之外。讓基督教為其建造出這樣富有美感的建築而感激吧，然後就讓人們自由與簡單的利用。讓世人逐漸覺察到，世上一些公開的繼承在於普通人的手中，讓他不要尋求說服這個世界，這種說法有點奇怪。耶穌超脫出宗教派別以及派系的關聯，因為祂根本沒有想到什麼教堂。在某種程度上，這是被濫用了。祂真正想到的是一種遍布全球的團結之情。真正的基督徒會認可他的兄弟，這並不一定是要來自其所屬的教會或是派系。而是應依賴於偉大的天父，謙卑、純粹與富有愛心的活著。

總之，我們都被那黑暗的神祕所籠罩。在裡面，我們必須要看看自己是否有勇氣。我們絞盡腦汁用工作或是舒適的娛樂來填充我們的生命。有時當我們獨自一人坐在安靜的房間裡，嫋嫋炊煙升起，一陣驚蟄響於院角，雨水在樹葉中沙沙作響。我們合上書，思考著我們到底為何物，將要成為什麼。也許，我們其中的某一位人生同伴被命運之神擊倒，悄無聲息的走完了人生的最後旅程，或是一些重大災難、損失抑或喪親之痛縈

繞在我們的生活之中。我們步入了精神的陰翳之中，或有一些難以言喻與讓人絕望的苦痛侵襲我們所愛之人，而對於他們而言，死亡竟是唯一的解脫。我們意識到，這一切都沒有任何解釋、沒有任何寬慰。在此時，我們會認為世界是一個可怖的地方。我們為自身的存在付出了沉重的代價。我們的希望、夢想、小小的欲望以及那微不足道的快樂是多麼的不值一提。在這種思緒下，我們會感到那最堅定的信念在閃光，透過一個暗影之球的細微條紋傳遞過來。我們通常恐懼的以為，信念越明確，這就越肯定。在一個黑暗的世界裡，這是人類為自身不能解釋祕密所做的最後嘗試了。

在這樣的絕望情緒裡，我們只能將自己交給上帝那威力無邊的意志之手。祂讓我們來到這裡，我們不知道個中原因；而要帶我們到何處，我們也是茫茫然。但是這一可怕目的所包含的嚴厲及無情卻是可以有某種支撐與持久的力量。我們在驀然回首自己的一生之時，覺得這些完全是冥冥中依照某個計畫或是設計的。我們遭遇到最嚴重的邪惡就是我們必須忍受對必然會發生的事情的無端恐懼。我們覺得那是有一股起伏不定的力量在支撐著我們。我們認識到現在的苦楚並非不可忍受的，而世上總是存在某些可以寄託希望的地方。我們讀到一些勇敢之人是如何承受那難以容忍的痛楚，並且微笑著面對它們。當我們最後回頭看的時候，覺得這些苦難並非如想像中的那麼難受。若我們能下定決心，無論發生什麼事情，我們都將盡自己的所能，活出真我的風采，讓自己變得勇敢與真誠，努力幫助那些遭受苦難的同胞，保護無辜的人，為那些走上歧途的人指

正道路，鼓勵他們去爭取人生中所有甜蜜的歡樂，讓自己成為一個富有愛心、仁慈與慷慨之人，昇華自己的心靈。那麼，我們就能活得幸福。不要為自己一開始不明白所有事情而自暴自棄或是滿口怨言，而是要懷著一顆謙卑與感恩的心，去讀完自己那已鋪展開的人生畫卷！

結語

夜已漸黑，我起身關緊房門，讓自己切斷與塵世的思緒。現在，應該不會有拜訪者了吧！涼凜明澈的清輝星星點點鋪灑在小院裡，迴廊上的陰影重重的壓在人行道上。從遠處看，整座小城在喧譁之後，寂然沉睡。我看到一排排房子、山形般的牆垛及高高的煙囪，它們都安然的沉睡在覆滿常春藤的城牆所構築的柔夢之中。此時，整個大學校園是如此的靜謐，偶爾只能從某位勤勉之人的窗縫中竄出的一、兩點燈火。能在這樣一個可遇見良友、景色優美的地方讀過人生，是何等的幸福啊！月光靜靜鋪灑在禮堂那高高凸出壁外的窗子上，而盾形的玻璃彷彿在燃燒著，折射出絢麗的流彩。我在房內來回踱步，沉思、暗喜。所有的一切似乎在刹那駐進永恆，如此沉靜，如此泰然。但，我們仍舊時刻在打著轉，最終滾進一個未知的境域。這顆威力強大、永不停頓的心，有多麼入懷的迷思，其如宇宙之廣袤，如時間之綿亙。日出日落，朝暾夕暉，都不過是一縷塵埃。祂是如何將我這顆會移動的原子帶來這裡的，又讓我只能困圍於自身的認識，對身外之萬物望洋興嘆？祂真是我的柔和與耐心的思想，祂是以這些思想來塑造脆弱的萬物的嗎？我對此篤信無疑。抬望眼，繁星如織，一種遙遠的鄉夢在心中慢慢的升騰：「喔，我知道如何尋覓祂，我甚至可以來到祂身邊！」我會像一個疲倦而悲傷的小孩來到他父親的膝下一般，在全然的信任與愛之中，受到祂的愛撫與鼓勵，被祂的手臂高高舉起，然後永駐心間！祂會安然的看著我的臉，我會在默然中聆聽祂的教誨。

　　在那飽經風霜的塔樓上，古鐘仍在緩緩的撥動著，鋼線發

出出嘶嘶聲響，柔和的鐘聲在夜半蕩漾著。屬於我的一天又過去了，離未知的世界又邁進了一步。我緩緩的轉過身，心中並不悲戚，因為我已更接近於上帝了。這種思緒在我心間燃起，將我的心交付予祂，一切皆源於祂。祂會把一切變得澄明，祂給予我們所需之物。當我們最後醒來的時候，內心將會充盈著滿足。

官網

國家圖書館出版品預行編目資料

劍橋大學教授亞瑟‧本森的「大學之窗」：美感與藝術、教育之道、簡樸人生，與心靈導師來場跨世紀交談 / 亞瑟‧本森 (Arthur Christopher Benson) 著，張天紅 譯 . -- 第一版 . -- 臺北市 : 崧燁文化事業有限公司 , 2023.01
    面； 公分
POD 版
譯自 : From a college window
ISBN 978-626-332-925-6(平裝)
1.CST: 高等教育 2.CST: 言論集
525.07   111018754

劍橋大學教授亞瑟‧本森的「大學之窗」：美感與藝術、教育之道、簡樸人生，與心靈導師來場跨世紀交談

臉書

作　　著：[英] 亞瑟‧本森（Arthur Christopher Benson）

翻　　譯：張天紅

發 行 人：黃振庭

出 版 者：崧燁文化事業有限公司

發 行 者：崧燁文化事業有限公司

E-mail：sonbookservice@gmail.com

粉 絲 頁：https://www.facebook.com/sonbookss/

網　　址：https://sonbook.net/

地　　址：台北市中正區重慶南路一段六十一號八樓 815 室

Rm. 815, 8F., No.61, Sec. 1, Chongqing S. Rd., Zhongzheng Dist., Taipei City 100, Taiwan

電　　話：(02)2370-3310　　傳　　真：(02) 2388-1990

印　　刷：京峯彩色印刷有限公司（京峰數位）

律師顧問：廣華律師事務所 張珮琦律師

定　　價：330 元

發行日期：2023 年 01 月第一版

◎本書以 POD 印製